食卓の世界史

遠藤雅司(音食紀行)

Endo Masashi(Onshokukiko)

★――ちくまプリマー新書

441

目次 ＊ Contents

はじめに

この度、『食卓の世界史』と題し、膨大な食の歴史を俯瞰《ふかん》しながら楽しめる本を作りました。歴史の教科書を読むと、政治や戦争、文化について多くのページが割かれていますが、そこに生きた人間の具体的な生活にまで記述が及ぶことは稀《まれ》です。特に「何をどのように食べていたのか」という食の文化に関心がもたれることは多くないようです。

しかし、人間はどの時代においても、何かしらのものを食べて生きてきました。また、人は漫然と食事をしているわけではなく、美食のため、語らいのため、空腹を満たすためなど目的も様々に食を味わってきました。それぞれの食卓には、それぞれの環境、歴史と伝統、さらには食べる人間の個性が表れているはずです。

本書では、各章で世界史の偉人たちの食物語を描き、彼らが味わった料理を取り上げています。また、彼、彼女らが生きた時代の食卓に焦点を当てて、オリエント世界やヨーロッパ、アメリカ大陸、中国、中央アジア、そして日本における食の流入と定着をまとめています。

それぞれの偉人にまつわる食の逸話もさることながら、食の歴史という大いなる「地層」

が有機的に繋《つな》がるように構成しました。

例えば、第1章ハンムラビと第5章ハールーン・アッ＝ラシードではメソポタミアでの食文化の変遷に触れることができます。第6章バシレイオス一世と第11章スレイマン一世を比べてみれば、コンスタンティノープルからイスタンブルへ変わった際の食の継承と断絶を読み取ることができるでしょう。また、第3章ネロ、第8章マルコ・ポーロ、第9章コロンブス、第12章カトリーヌ・ド・メディシスを通して読めば食のイタリア史が浮き上がってきます。本書を通読していただければ古代から中世を経て近世に移り変わる食の変遷を一望できます。

それ以外にも世界三大料理へと変貌を遂げたフランス料理、中華料理、そしてトルコ料理についても記載しています。第12章カトリーヌ・ド・メディシスや第13章ルイ一四世でフランス料理の発展をまとめ、第4章楊貴妃《ようきひ》、第7章チンギス・ハン、第8章マルコ・ポーロで中国の食の変遷やモンゴルからの食の流入を通して、中国の食の深さを描きました。トルコ料理についてはその礎となったオスマン帝国料理を第11章でまとめました。

日本の食文化については、第17章夏目漱石《そうせき》を取り上げます。日本の食の伝統と共に明治期の文明開化における洋食の発展、そして英国留学で味わった一九世紀英国料理について第16

章コナン・ドイルとあわせてその変遷をしたためました。

時代順に読んでもよし。興味のある人物の章から「つまみ食い」してもよし。各章の冒頭の引用文を読みながら、その人物への理解を深めるもよしです。どんな世界が待ち受けているか。存分にお楽しみください。

1　ハンムラビ　古代メソポタミア野菜の「三本柱」

「天地の結び目」ニップルのためにすべてを完成した者、エリドゥを復旧した者、四方世界を襲撃した者、バビロンの名を偉大にした者、ウルを豊かにした者、シッパルの基礎を確立した者、ラルサを赦《ゆる》した者、ウルクを生かした者、イシンの散らされた人々を集めた者、キシュの住まいの基を置いた者、クタを優れたものとした者、ボルシッパを喜ばせる者、ディルバトの耕地を拡大した者、ケシュの外郭を確定した者、ラガシュとギルスのために牧草地と灌漑地《かんがいち》を定めた者、ザバラ（スガル）のオーメンを成就させた者、カルカラで英雄なるアダドの心を鎮めた者、アダブに生命を与えた者、マシュカン・シャピルに生命を贈った者、マルギウムの人々を災難から守った者、マリとトゥトゥルの人々を許した者、（エシュヌンナにおいて）ニンアズのために清らかな食事を供えた者、アッシュルにその良き守護女神を導き返した者、ニネヴェにおいてエメスメス（神殿）のイシュタルの祭儀を顕彰した者、シュメールとアッカドの地に光を照り出させた者

（『ハンムラビ法典』より都市名を著者が抜粋）

世界最古の文明の一つである古代メソポタミア。「川の間の地（meso-potamia）」という名前が表す通り、ティグリス川とユーフラテス川に挟まれた沖積平野で、多くの民族が興り、様々な文化が花開き、消えていきました。

そんな古代メソポタミア文明の中でも最も有名な王様の一人がハンムラビです。ハンムラビの名前は彼が作らせた法令集『ハンムラビ法典』で知られ、右に引用したのも『ハンムラビ法典』の前文に記された文章から都市名を抽出したものです。『ハンムラビ法典』といえば、「目には目を、歯には歯を」という有名な成句がありますが、ハンムラビが実際に何を行なったのか、何を食べていたのかを取り上げられることは少ないようです。

ハンムラビは紀元前一八一〇年頃（著者注：本書では、古代メソポタミアの歴史編年に関する学説の中で、中年代を採用しています）バビロンに生まれ、前一七九二年頃にバビロン第一王朝の王になりました。ハンムラビが王になった頃のバビロンは大国というほどではなく、バビロンの東にエシュヌンナ王国、南にラルサ王国、北にアッシリア王国という大国に挟まれていました。特に、アッシリア王国のシャムシ・アダド一世の力は絶大で、実はバビロンはアッシリア王国に従属し、ハンムラビはシャムシ・アダド一世へ臣下の礼をとっていたのです。

前一七八一年、ハンムラビはユーフラテス川中流域でバビロンの北方にあるラピクムをエシュヌンナ王国から奪回します。これは、アッシリア王国のシャムシ・アダド一世の援助の下で行なわれました。そのシャムシ・アダド一世が前一七七五年に死去すると、周辺の小王国が独立を果たしました。ハンムラビもアッシリア王国への従属的な関係から解放されることとなりました。このハンムラビ王治世一八年（前一七七五年）から治世二八年（前一七六五年）の一〇年はバビロン第一王朝のつかの間の平和で、ハンムラビも内政に専念できた時代でした。神殿の建設や修復、町の周壁の建設や修復、灌漑用運河の掘削などが行なわれました。

次に紹介するのは、前一七六九〜一七六五年頃に書かれたマリ出土の手紙です。

自分だけで強い王はいない。バビロンの王（文字通りには「人」。以下同様。）ハンムラビには一〇人（から）一五人の王が従い、ラルサの王リム・〔シ〕ンには同数（の王が従い）、エシュヌンナの王イバル・ピ・エルには同数（の王が従い）、カトナの王アムト・

ピ・エルには同数（の王が従い）、ヤムハドの王ヤリム・リムには二〇人の王が従う。

（中田一郎『《世界史リブレット人》〇〇一・ハンムラビ王』より二次引用）

手紙の主はマリ王国（ユーフラテス川中流域）の高官イトゥル・アスドゥで、同国の王ジムリ・リムに宛てたものでした。ここからわかることは、ハンムラビ王も小国の王ではなく、他国に名が知れ渡ってきた人物であること、この手紙の五か国の王にマリ王国を加えた六か国が勢力を競い合っていたことです。さらに、この六か国の上にエラム王が君臨していました。

この勢力均衡状態を破ったのは、そのエラム王国でした。前一七六五年エラムはエシュヌンナを攻撃し、バビロン王ハンムラビとマリ王ジムリ・リムがこれに加勢します。結果、エシュヌンナ王イバル・ピ・エル政権は崩壊し、エラム王の軍門に降《くだ》ります。

続いて、エラムは次なる標的をバビロンに定め、すぐに進撃を開始します。これに対抗してハンムラビは隣国のラルサとマリに軍隊の援護を要請します。エラムはこのエラム対バビロンの一戦に静観を決め、マリ王国は自国領土にエラム軍が入ってくると判断し、ハンムラビと共に反エラム同盟を結成してエラムを撃退。結果、エラムは制圧したエシュヌンナから撤退します。

前一七六三年、バビロンの南にある隣国ラルサがバビロンの領土にたびたび侵入し、略奪を繰り返しました。これに憤ったハンムラビは、初めて防衛ではなく進撃を行ないます。ハンムラビは先にラルサ北部の都市マシュカン・シャピルを包囲し陥落させ、続いて首都ラルサを数か月の戦いの末、占領しました。

ハンムラビの次なる相手は反エラム同盟を組んだマリ王国でした。これまでも手紙での交流や同盟を組んだ実績はあったものの、最終的に裏切るのではという疑心暗鬼に陥ったハンムラビ。結局、マリとの争いは避けられませんでした。戦争の結果マリ王国を占領・破壊しました。治世三三年（前一七六〇年）、「武器でマリの軍隊を敗北させ、ティグリス川河岸からユーフラテス川河岸までを征服し、彼らを彼の命令の下、平和の内に住まわせた」と文書に残されています。こうして治世三四年（前一七五九年）、ハンムラビは全メソポタミアを統一しました。「アムル全土の王、シュメールとアッカドの地の王」と自分の王号にも記すようになりました。

『ハンムラビ法典』と古代メソポタミアの食

古代メソポタミアで主に飼われていた家畜は羊や牛です。『ハンムラビ法典』に一番多く登場する家畜は牛です。

その他、法令集に登場する食材や飲み物を取り上げてみると、油、牛、大麦、ゴマ、ナツメヤシ、ビール（麦酒）、羊、豚、山羊《やぎ》などが挙げられています。肉類では、先の羊や牛以外に豚や山羊が登場します。羊や山羊は小家畜にも区分され、しばしば神に捧《ささ》げられた後、解体され、肝臓の諸部位は内臓占いに使われていました。また、豚は『ハンムラビ法典』に一度だけ登場します。豚は穢《けが》れた動物（アッカド語で "šaḫû lā qa-šid"）と見なされていて、古代メソポタミアの人々には好まれていませんでした。

もうひとつ特筆すべき食材は、大麦でしょう。古代メソポタミアで栽培されていた一般的な穀物で、パンの材料として最も多く使われたのが大麦です。シュメールの時代、ウル第三王朝期（前二一一二〜前二〇〇四）の製粉リストには、大麦五五六キログラム、小麦粉四六九キログラム、小麦一四キログラム、エンマー小麦（古代の小麦の一種）六キログラムという記録があります。大麦は微粉砕され、小麦の穀粒は携帯用の臼で小麦粉に粉砕されました。挽《ひ》くことで、様々な粒の大きさの小麦粉が作られたのです。

また、ビールについては掛け売りしたら、収穫時に五〇リットルの大麦を受けとることができること、もし巫女《みこ》がビールを飲むために居酒屋に入ったり、居酒屋を開いたら、人々は彼女を焼き殺さなければならないことなどが『ハンムラビ法典』には書かれています。怖ろしいですね。

ハンムラビ王と古代メソポタミア食材

ハンムラビ王の治めたバビロン第一王朝の遺跡は残念ながら現在未発掘のままですが史料の不足は同時代のマリ王国出土の手紙によって補うことができます。ハンムラビ王と同時代のマリの王様ヤスマフ・アッドゥ（在位前一七九六〜一七七六）が催した宮中での夕食の献立には、様々なパンと粉が挙げられています。

クム・パン九〇〇リットル、サンミダートゥム小麦でつくったパン六〇リットル、ブッルム穀物で作った「酸味」のあるエムツムパン二〇二〇リットル、ケーキ九五〇リットル、大麦で作った「酸味」のあるエムツムパン二一八五リットル（中略）イスククム小麦一一リットル、サスクム挽割小麦粉六リットル、サンミダートゥム小麦三リットル

……

（S・M・ダリー、大津忠彦・下釜和也訳『バビロニア都市民の生活』）

おそらくバビロン第一王朝でも同様のパンが食べられていたことでしょう。
ハンムラビがやりとりした手紙や『ハンムラビ法典』には果樹園という単語も登場します。果樹園はナツメヤシ園のことで、ナツメヤシの木陰ではネギ属の野菜が栽培されていました。古代メソポタミアの代表的な野菜と言えば、タマネギやニンニクです。実際のところ、ネギ属野菜のタマネギ、ニンニク、ポロネギは古代メソポタミア野菜の三本柱とも言うべき欠かすことのできない食材です。その記録は古く、シュメールの時代から古代メソポタミアの人々の食生活にはタマネギ、ポロネギ、ネギ、ニンニクなどのネギ属の食材が数多く登場しました。ウル第三王朝の神々の供物や王様の食事などで用いられ、様々な場面で神や王侯貴族たちに食べられてきました。

特にポロネギとニンニクはシュメールの神話などでもおなじみの野菜です。シュメール神話の『イナンナとシュカレトゥダ』ではポロネギが、『イナンナの冥界下り』ではニンニクやポロネギが具体的な食材として登場しています。前一七三〇年頃までに書かれた古バビロニア時代の粘土板「バビロニアコレクション」にも、古代メソポタミア料理のレシピが載っており、そのタブレットAに記載された二五の煮込み料理に登場する回数は、ニンニクとポロネギが二三回、タマネギが一八回を数えます。どの料理にも欠かせない食材だと言っていいでしょう。

「バビロニアコレクション」に基づく古代メソポタミア再現料理

「バビロニアコレクション」に基づいてハンムラビ王が味わった食卓を再現してみましょう。まずはパンです。先ほど紹介した、マリ王国ヤスマフ・アッドゥ王の夕食に登場する大麦粉製の「酸味」のある「エムツム」パンを作りましょう。生地の材料は大麦粉、エンマー粉にします。そこに発酵させるためのパン種としてエールイースト（ドライイーストで代用可）を加えて作ってみましょう。

二品目はスープです。アッカド語でカスーと呼ばれるからし粒の汁にタマネギ、ニンニク、ポロネギを入れます。ポロネギは長ネギで代用しても構いません。からし粒にはマスタードシードを使います。この料理は他に塩漬け肉を使います。牛肉を使って再現できますが、手軽さを求めるなら、コンビーフで代用可能です。現代のアラビア料理に通じる香辛料とネギ属を合わせた古代メソポタミアスープです。

最後に古代メソポタミアを代表する果物であるナツメヤシのスイーツを紹介します。シュメール語でニンダイデア（NINDA.Ì.DÉ.A）、もしくはアッカド語でメルス（mersu）と呼ばれる焼き菓子です。ニンダイデアは「油（ì）を注いだパン」が原意で、転じて、ナツメヤシの実、油、バターなどを混ぜて作るお菓子をさすようになりました。メルスは祭祀《さいし》（宗教儀式）には必ず登場し、古代メソポタミアの各時代、各都市で作られ捧げられていました。古くはウル第三王朝の時代から知られ、そこでは神殿の門の供物とされました。そして、古代都市マリに残る文書には、メルスを作るため、ナツメヤシの実一二〇リットル、ピスタチオ一〇リットル用意すると書かれています。先ほどの大麦粉とエンマー粉に『ハンムラビ法典』にも登場するゴマと油を加え、ナツメヤシとピスタチオも加えて焼き上げましょう。

これが、バビロンの名を偉大にし、マリとトゥトゥルの人々を許し、ウルクを生かした者ハンムラビ王の食卓です。

2　アレクサンドロス三世　食事は質素で大酒飲み

アレクサンドロスだけは、これだけの食材をそろえることは正気の沙汰とは思えず、なんとも多くの手間ひまのかかることではあるまいかと言って、これを軽蔑した。そして記録が刻まれた柱を取り去ってしまうよう命令したのである。その際、彼は友人たちに、「こんな無駄な食事について学んだところで、王たるものに益するところはひとつもない。放蕩《ほうとう》と贅沢《ぜいたく》には臆病というものが付き従うのが必定である。大食に耽《ふけ》っていた者たちが、いざ戦になると、なんともこらえ性なく敗れたのは諸君たちの目にするところであろう」と言った。

（ポリュアイノス、戸部順一訳『戦術書』）

紀元前四世紀の古代ギリシア世界に、のちに大王《メガス》と呼ばれる人物が現れました。マケドニア王国のアレクサンドロス三世（在位前三三六〜前三二三）です。

アレクサンドロスの話をする前にマケドニア王国について説明します。マケドニア人は前七世紀半ばにギリシア北部、現在の北マケドニア共和国にあたる山岳地で牧畜を営んでいました。古代ギリシアの文献資料によると、アレクサンドロス一世（在位前四九八〜前四五四）の治世において、それまで独自の社会を形成していたマケドニアは、南部のギリシア世界への参入を図りました。その際、ギリシア人だけの祭典であるオリュンピア祭へ出場し、ギリシア神話の英雄ヘラクレスを自国の王家の祖だとする建国伝説を喧伝《けんでん》しました。

その後、王アルケラオス（在位前四一三頃〜前三九九）は自らの治世において、アテナイの悲劇詩人エウリピデス（前四八五頃〜前四〇六頃）をはじめとするギリシアの高名な知識人や芸術家を数多く宮廷に招き、マケドニア人に王族や貴族として必須の教養を身につけさせました。アレクサンドロスがエウリピデスの悲劇を自在に暗唱できたのも、かつてはバルバロイ（蛮族）扱いされた王国が長年にわたって積み重ねた文化教育の成果によるところが大きいのです。

また、マケドニアのエリートの生活では狩猟が非常に重要な役割を担っていました。後二世紀に書かれたアテナイオス（生没年不詳、後二〇〇年頃）の『食卓の賢人たち』には、古代ギリシア世界の多種多様な豊かな食材や料理法、そして宴席での逸話がまとめられており、前三世紀の歴史家ヘゲサンドロス（生没年不詳）によるマケドニアについての発言も採用されています。曰《いわ》く、「マケドニアには、網を使わずに野猪《やちょ》を刺して捕らえることができた者以外には、宴席で横になることを許す習慣はなかったという。それを成し遂げるまでは、椅子に座って食事をしていた」というのです。この精神は後代にも受け継がれていきました。

アレクサンドロスの父親フィリッポス二世（在位前三五九～前三三六）は軍隊の大規模な拡充でギリシア諸都市を従え、財政基盤の整理、耕地開拓と農民の育成という功績を残しました。アレクサンドロスにとってフィリッポスは模範とすべき人物で、影響を与えた父でした。彼が一六歳にして自らの名前を冠した都市「アレクサンドロポリス」を建てたのは、かつて「フィリポポリス」を建設した父の模倣です。

その偉大な父、フィリッポス二世が前三三六年に暗殺されたのち、二〇歳で王位についたアレクサンドロスは再びギリシア諸都市を押さえた後、父の果たせなかった東方遠征の実現のために天下無比のマケドニア軍を従えてアケメネス朝ペルシア領のアナトリアに侵攻します。先陣を切って剣をふるうアレクサンドロスの神がかり的な強さは将兵から絶大な人気を博し、ついにはペルシア国王ダレイオス三世（在位前三三六～前三三〇）をイッソスの戦いで打ち破り、フェニキアやガザを征服してエジプトに向かいました。

ペルシアの圧政に苦しんでいたエジプトの民衆はアレクサンドロスを解放者として歓迎し、

アレクサンドロスはエジプトの神アモン（アメン）を祭るアモン神殿で、彼が「神の子」であるという神託を受けます。また、アレクサンドロスが指示を出し、ひき割り大麦を使って地面に線を引いたところ、大群をなして現れた鳥に大麦をあらかた食べられてしまったという出来事がありました。占い師はこの結果を「あり余るほどの富に恵まれた生活を実現する」と解釈しました。それを現実のものとしたのが自身の名を冠したアレクサンドリア市の建設です。ナイル川河口に誕生し現代まで続くこの大都市こそ、東方遠征の途上でアレクサンドロスがオリエント各地に多数建設したギリシア風植民都市「アレクサンドリア」の中で最も有名なものでしょう。

その後、アレクサンドロスと彼の軍はメソポタミアからペルシアの奥深くまで東進していきます。彼はバビロンやスーサを攻略し、首都ペルセポリスには火を放って完全に破壊しました。続けて彼はアケメネス朝が滅亡した後のバクトリア（現在の中央アジアの一部）に進軍し、その地の豪族の娘ロクサネと結婚します。さらに西北インドのパンジャーブ地方（現在のパキスタン北部）にまで軍を進め、最終的に、西はギリシアから東はインドに至る大帝国を築きます。

アレクサンドロスは更なる領土拡大を目指していましたが、生憎《あいにく》ちょうど雨期に入り、進軍は困難となりました。兵士たちの疲弊もひどく、不安と不満が軍内に充満します。アレクサンドロスはとうとう兵士たちの説得を諦め、いったんマケドニアに帰還することにしました。

ところが、メソポタミアのバビロンまで戻ったアレクサンドロスはそこで熱病にかかりあっけなく亡くなってしまいます。あっという間の三二年の生涯でした。特に東方遠征を始めた紀元前三三四年から亡くなる前三二三年の実質一一年という短い期間で、彼は多くのことを成し遂げました。

アレクサンドロスの死後、「最強の者が帝国を継承せよ」との遺言が開陳されましたが、彼の死後に生まれた息子のアレクサンドロス四世を含め、どの人物も不世出の天才アレクサンドロスほどの影響力を持ってはいませんでした。そのためアレクサンドロスの部下の将軍たちが次々と後継者（ディアドコイ）の名乗りを上げ、彼らが相争った末に、アレクサンドロスの帝国はプトレマイオス朝エジプト、セレウコス朝シリア、アンティゴノス朝マケドニアの三つの国に分裂しました。この時、およそ三〇〇年続く「ヘレニズム時代」が幕を開けたのです。

アレクサンドロスの逸話と食の捉え方

冒頭に引用した逸話の詳細をここに紹介します。アレクサンドロスは何を軽蔑したのでしょう。

彼は占領したペルシアの宮廷で柱に刻まれたペルシア王の豪勢な朝食そして夕食の食材の記録を目にしました。「精製された莫大《ばくだい》な小麦粉、大麦粉、数百頭の雄牛、数百羽の鵞鳥《がちょう》、雉子鳩《きじばと》、牛乳、ニンニク、タマネギ、りんご果汁、キュケオーン（古代の粥《かゆ》の一種）、ぶどう、塩、セロリの種、ごま油、アーモンド、ぶどう酒」――これらは記録の一部にすぎません。アレクサンドロスの家臣のマケドニア兵士は、これらを読んでペルシアの豪勢な食事を羨ましがったり、驚嘆の声を上げたりしましたが、アレクサンドロスだけは反応が違いました。これだけの食材を集めることは正気の沙汰ではなく、王として益するものは何もないと一蹴したのです。

実際のところ、アレクサンドロスは王として己を厳しく律することが王の務めであり、食事時もそうすべきだと考えていました。おいしく朝食をとるために夜間の行軍を行ない、おいしく夕食をとるために簡素な朝食を心がけていました。彼の食事を印象付けるものでは、一〜二世紀のローマ帝国時代のギリシア人歴史家で『英雄伝（対比列伝）』を著したプルタルコス（紀元四六頃〜一二〇頃）はアレクサンドロスについて「食物も至って淡白な小食家」だと書いています。

一方で、アレクサンドロスは、大規模な宴も催していました。先に紹介した『食卓の賢人たち』には、なんと六〇〇〇人もの武将をもてなしたときの逸話が記されています。その際には、銀の腰掛け、紫の外衣をかけた銀の寝台を用意していました。そして食事のさいには、アレクサンドロス自身はマケドニアの慣習に従って座って食べながらも、彼のもてなしの作法として寝台も用意していました。ですので、武将たちはしばしば横になってめいめい食事をとることもありました。

マケドニア人・アレクサンドロスの酒豪伝説

アレクサンドロスの逸話にたびたび登場するのがお酒です。当時、マケドニア人はギリシア人から蛮族と見なされていました。その要因の一つがぶどう酒の飲み方です。ギリシア人はぶどう酒を水で割って飲み、マケドニア人は水で割らずに、ぶどう酒を生《き》で飲んでいました。古代ギリシア人はこの酒の割り方にこだわりをもっていたようです。酒と水半々というケースもあれば、酒1に水3、あるいは酒2に水5などの比率といった具合に、そこに並々ならぬこだわり、言うなれば風流を感じていたようです。「酒を割らずに飲むなんてマケドニアの連中はなんて野蛮なんだ！」というギリシア人の呆《あき》れた声が聴こえてきそうです。

アレクサンドロスもご多分に漏れず、マケドニア宮廷の風習を守っていました。そう、お酒を割らずにそのまま飲んだのです。一旦飲み始めれば酔いつぶれることも珍しくなかったと言われています。また、側近たちとのコミュニケーションを取るのに酒宴はいい潤滑油だと考えていたようで、長時間の宴席にもしっかり出席していました。

しかし酒によって取り返しのつかないことも起こしています。アレクサンドロスは側近の将校で朋友《ほうゆう》のクレイトス（前四世紀前半〜前三二八年）――そしてクレイトスの姉がアレクサンドロスの乳母でもありました――を酒宴の席で槍《やり》によって突き殺すという事件を起こしています。これは両者とも酩酊《めいてい》した挙句に何かしらの口論が起こった末の出来事だったようです。

それ以外にも、マケドニア軍人で大酒豪として有名だったプロテアスと酒を飲み、一気に一三リットルを飲んだものの、プロテアスはなんと一九リットル半をも飲み干したため、負けた王は腰が抜けて立てなくなったのだとか。

しかし、作戦行動に移った時のアレクサンドロスは、他の一切をなげうって目の前の課題に集中したと言われています。この切り替えの早さがアレクサンドロスの大王たるゆえんであり、面目躍如といえそうです。

アレクサンドロス大王の好物

アレクサンドロスの好物はりんごだったそうです。『食卓の賢人たち』には、ドロテオスの『アレクサンドロス伝』を引用して、「マケドニアのピリッポスとその子のアレクサンドロス〔大王〕は林檎《りんご》が好きだった」とあり、またミュティレネのカレスが記したところによると「アレクサンドロスは、最上の林檎はバビロニアあたり一帯に産すると知るや、船に林檎合戦を繰り広げ、人の目を楽しませた」とあります。

実際のところ、りんごは古代メソポタミアの果物として、ナツメヤシの実、イチジク、ザクロやぶどうなどと共に食されていました。ウル第三王朝時代、前二〇〇〇年代の粘土書板には、「五シラのアップルフルーツケーキを一個」という記録も残されています。

古代ギリシアではりんごはメロンと呼ばれていました。紛らわしい限りですが、現代のメロンとは全くの別物です。『食卓の賢人たち』には、「おいしい林檎」は胃腸に良く、「夏りんご」は水分が少なく、「秋りんご」は多く、「丸りんご」は水分が多いものの、胃腸に良いなどの効能が引用されています。豪華な食事を嫌ったアレクサンドロスにとって、りんごは贅沢品ではなく、むしろ過酷な遠征を支える健康食という意味があったのかもしれません。

合同結婚式の祝宴

アレクサンドロスはペルシア王ダレイオス三世に打ち勝った後、友人たちとともに「神聖かつ華燭《かしょく》」の合同結婚式をスーサで執り行ないました。それは、一〇〇人のマケドニア人やギリシア人の花婿に一〇〇人のペルシア人花嫁を引き合わせ、各人の友人を全員招いて開いたもので、二つの強力な民族が一つに結ばれるという政治的な意味合いも持ちました。この披露宴はなんと九〇〇〇人もの人が食事に招かれるという非常に大規模なものとなりました。

この時、アレクサンドロスはダレイオスの長女スタテイラを二番目の妻としました。この祝宴でアレクサンドロスはマケドニア風とペルシア風の両方の流儀を取り入れた折衷の衣服で参加し、他の新郎たちや参加者たちをもてなしたと言われています。以前から、アレクサンドロスはペルシア風の衣装や宮廷儀礼を積極的に取り入れており、二つの民族の結婚式にふさわしい衣装をまとったことになります。祝宴はラッパの合図で始まり、アレクサンドロスが神々に献酒する際にはラッパの音が鳴り響きました。この祝宴は五日間も続いたと記されています。これは、「東西文明の融合」を大きな特色とするヘレニズム文化の誕生を告げる宴ともなったのです。

マケドニアの祝宴と料理

そんな大規模な祝宴の料理はというと、残念ながら詳細な記録は残されていません。しかしながら、別の祝宴での料理なら具体的な記録があります。アレクサンドロス大王の孫の世代にあたる、とある富豪の結婚披露宴のメニューです。

鶫《つぐみ》、家鴨《あひる》、いちじくいいいいいなどを焼いたものが数知れず、それに卵をまぶしたえんどう豆、牡蠣《かき》、帆立貝など。こうしてそびえ立つような皿がめいめいに配られた。

(『食卓の賢人たち』)

これ以外にも、銀の大皿に仔豚の丸焼きをのせ、その腹の中に詰め物を入れた一品、特別にあつらえた多くのパン、鶏、鴨《かも》、ガチョウ、キジバトやシャコなどたくさんの鳥、そして兎《うさぎ》や仔山羊《こやぎ》などが皿に盛られて廻《まわ》ってきました。

アレクサンドロスの治世では、戦勝を重ねるにつれて果物や魚などの珍味がどんどん入ってきて食の費用も膨れ上がってきたと言われています。元々マケドニアの食事情は素朴でしたが、どんどん豪華になり洗練されてゆきました。それが孫の世代の宴にも表れています。質実剛健を重んじた偉大な祖父の教えはペルシアから引き継がれた美食の前に屈していったのです。

さて、先に引用したマケドニア料理の一つである「卵をまぶしたえんどう豆」。この料理にはレシピが存在します。紀元一世紀の美食家マルクス・ガビウス・アピキウスの名を冠した古代ローマ時代の料理書である『アピキウスの料理帖《りょうりちょう》（デ・レ・コキナリア）』には、エンドウマメのタルトが載っています。

この料理はエンドウ豆と肉類を切り刻んで炒《いた》め、そこにコショウ、オレガノ、ショウガなどで作ったスパイスミックスを加えます、次に卵、ハチミツ、白ワイン、魚醤《ぎょしょう》を混ぜ合わせた液体ソースを作り、型の中に全ての材料を加えていきます。すると、エンドウ豆と肉の旨《うま》みを卵が閉じ込め、そこに魚醤とハチミツが香る甘くてしょっぱい魅惑のマケドニア風エンドウ豆料理が完成です。

東方遠征の結果による「アレクサンドロス交換」

アレクサンドロス大王の東方遠征は、料理についての新しい考えを広めるはずみになりました。新たな食材が東から西へ、西から東へともたらされ、ギリシア、マケドニア、ペルシアの食事や料理法が出会うこととなりました。

東から西へもたらされたものの一つに、インドで家畜化された雌鶏《めんどり》が挙げられます。古代ヨーロッパでは、鶏はまだ珍しく、高級品として夕食や饗宴《きょうえん》の目玉料理になりました。

また、お米もヨーロッパ世界に知られるようになりました。米はギリシア語ではすでにオリュゾンという名前がありましたが、テオフラストス（前三七一〜前二八七）の『植物誌』に言及される程度で、ほとんどのギリシア人にはまだ馴染《なじ》みのないものだったのです。米は最終的にラテン語のオリューザという名前でヨーロッパ世界に定着していきますが、民衆の間で一般的になるまでには長い時間がかかりました。

鶏や米が西方世界へ向かった一方で、西から東へと向かったのがぶどうの木でした。ギリシアやレヴァント（地中海東岸）で何世紀にもわたって味わわれていたぶどうとワイン（ぶどう酒）は、前二世紀には中国まで到達したとされます。そして後の七世紀に中国から中央アジアを支配した唐ではぶどうをモチーフにした唐草文様が広く用いられ、日本にも奈良時代に到来して天平文化の文物を彩りました。

これら以外に旧ペルシア領には新たな支配者がもたらしたギリシア文化が広く浸透したので、ギリシアの味覚を求める人々も現れたことでしょう。その結果、ギリシアで知られていた野菜や果物などが移植され、オリエントの地では品種や栽培方法の改良が行われました。例えばエジプトでは、かぶ、ビーツ、アスパラガスや梨などが育つようになりました。

食の東西交流の恩恵を最も受けたのは古代ギリシア人から「蛮族」と言われたマケドニアの宮廷やそれに連なる人々でした。ギリシアの洗練された宴とペルシアの豪華絢爛《けんらん》たる宴とが流入し、その当時の最先端の流行に触れたのです。その食文化は、ヘレニズム国家の興亡を経て、ローマ、あるいはインドなどへ引き継がれ、そして現代のヨーロッパやアジアの各地にも脈々と息づいているのです。

3　ネロ　絶滅危惧種最後の一本

ネロはクラウディウスについて機智《きち》に富むことを言った。ある宴席で食卓に茸《きのこ》がだされたとき、茸は神々の食べ物であると誰かが言うと、それを受けてネロは「そのとおり。茸を食べたのが原因で私の父は神になったのだ」と付け加えた。

（カッシウス・ディオ『ローマ史』六一・三五・四。訳文はファース・P、目羅公和訳『古代ローマの食卓』より二次引用）

古代ローマが帝政をスタートさせて八〇年余りの、紀元五四年。まだ一六歳の少年が皇帝に即位しました。第五代皇帝ネロ（在位五四～六八）の誕生です。母親アグリッピナによる監督、ガリア出身の近衛長官ブッルス、ヒスパニア出身の哲学者であり家庭教師でもあったセネカの補佐によって、ネロの治世は始まりました。後にネロは母殺し、妻殺し、キリスト教徒への迫害に加え、ブリタニアでの反乱勃発などから「暴君」や「悪政を行なった」というレッテルを貼られてしまいます。しかし、あらゆる物事は理由があって起こります。複雑な境遇から皇帝になってしまったネロの様々なエピソードを読み解いていくとそこに人間的な表情が見えてくるものです。

ネロは複雑な境遇で育ったと書きましたが、これは母親の影響が大きかったと言えます。母アグリッピナは初代皇帝アウグストゥスのひ孫で、第三代皇帝カリグラの妹でした。カリグラが帝位についた三七年、アグリッピナは男の子を産みます。男の子の名はルキウス・ドミティウス・アエノバルブス。この子がのちに「ネロ」と呼ばれることになります。四一年、カリグラが暗殺されると、彼女の叔父クラウディウスが後を継ぎました。アグリッピナはネロを産んだ後、息子を皇帝に即位させるという自分の野心のため、クラウディウスと再婚します。その後は皇后として、当時の女性としては異例なレベルで政治へ積極的に介入し、ネロを皇帝にすべくセネカやブッルスといった優秀な人材を招くなど周到な準備を行ないました。クラウディウスの急死も彼女による毒殺とされています。

冒頭で紹介したネロのユーモアに満ちた発言は、皇帝になってしまった心情を吐露するとともに自分の生命の危うさを匂わせるものです。わが母アグリッピナは用済みになった義父クラウディウスを殺害したのだろう、となると、たとえ実の息子であっても、母の刃はいつなんどき私に向くやもしれぬ……というわけです。

キノコへの愛と死

先のエピソードからは、ローマの食文化において興味深い点が指摘できます。毒殺の方法にキノコが用いられたということです。古代ローマではキノコは森の中で採集するものでした。古代ローマ人は積極的にキノコを食べ、ときには運悪く命を落とすこともあったそうです。

キノコには邪悪な力が備わっていると考えていたケルト人やゲルマン人に比べ、キノコを食べる機会が多かった古代ローマ人は、キノコを味わえるものと毒があるものとに大別していました。命を落とす危険を感じながらも、毒のないキノコが持つ風味や味わいに文字通り病み付きになっていたのでしょう。実際、クラウディウスはキノコ料理に目がなかったとされています。古代ローマでは既にキノコの魅力が理解されていたのでした。

首都と属州の食物連鎖

かつて古代ローマ人は「粥喰《かゆぐ》いの未開人」と古代ギリシア人から揶揄《やゆ》されました。しかしそんな時代が嘘《うそ》のようにローマ帝国は発展していきます。裕福な上流階級が生まれ、帝国の領土には自由市民と奴隷と外国人が共に生活していました。それら全ての市民が飢えることのないように食糧の安定供給を図ることが皇帝の政策の大きな柱でした。ここで政策の方向を見間違うと市民からそっぽを向かれ、元老院から失政の烙印《らくいん》を押されます。

当時「全ての〝食〟がローマに通じる」という比喩が過言ではないほど多様な食料が属州（イタリア半島以外の征服地）から都ローマへと輸送されていました。ガリア北部（今のベルギー）からハム、ブルターニュから牡蠣《かき》、マウレタニア（今のモロッコ）からガルム（魚醤《ぎょしょう》の一種）、アフリカ属州（今のチュニジア）から野生動物、エジプトから花、シリアからスパイス、カッパドキア（今のトルコ）からレタスが輸入されていました。

これがほんの一例なのですから驚きです。ローマは世界の強大な帝国として食の欲望を満たしていきました。あらゆるものをむさぼりつくしていくのです。

一方、征服した属州での食料生産とその輸送はローマの灌漑《かんがい》農業を現地に伝え、かつ帝国全体での農業生産量を高める効果もありました。ローマ人は属州に果樹やハーブ、多種多様の野菜、そしてクジャク、ニワトリ、キジなどの鳥をもたらしました。全ての食材や料理法が「永遠の都」ローマに伝えられ、その宮廷や貴族の宴席で洗練された後、ふたたび辺境にある属州にまで届けられていったのです。街道の整備や船舶の開発によって発達した帝国全域の交通網にも支えられ、ローマと属州の食文化は深くつながっていました。

皇帝の「パーニス」

皇帝にとっての二大重要政策は「食」と「安全」でした。ローマでは共和政の末期から穀物の無料配給が始まり、多くの市民が安定してパンを食べられるようになりました。食を安定して市民に届けることが平和の治世にふさわしいものでした。皇帝一族の権力闘争は激しかったものの、ローマにとっては幸運な事に、ネロの治世開始当初は安全も食も確保されていたのでした。アグリッピナに登用されたセネカやブッルスの後ろ盾もあり、「ネロの五年間」と言われる善政が敷かれます。

食＝パンというくらい、古代ローマには様々なパンが登場します。ラテン語では「パーニス」と呼ばれ、あらゆる種類の穀物から作られました。豆類や米を挽《ひ》いて粉にしたもの、パン生地に油もしくはベーコンの脂身を混ぜるもの、パン生地にバターを練りこんだもの。ぶどう汁、ワイン、ミルクなどを混ぜたパーニスや、コショウ、クミン、ゴマなどのスパイス風味のパーニスもありました。様々なパーニスの一例は表の通りです。

名称	内容・意味	特徴
パーニス・アディパートゥス	ベーコンの切り身、脂身	一種のピザ
パーニス・ムスターケウス	果汁	・丸い冠のような形状で月桂樹の葉の上で焼いたパン ・婚礼の宴で供され、出席者に切り分けて食べる菓子 ・今でいうウェディングケーキ
パーニス・ミーリターリス	兵士が食べるパン	・兵糧とも言われた乾燥ビスケット ・軍隊用の保存食が当時からあった

様々なパーニス

当時の飲料事情とネロの「現代的」提案

ローマ帝国のドリンク事情もみてみましょう。古代ローマの飲み物としてなくてはならないのがワインです。古代ギリシア文化の流入と受容もあり、ワインは水で割って飲むのが自然でした。そのまま飲むことは野蛮とされ、割らないワインを供すのは神に捧《ささ》げるときだけと言われています。また、水だけでなく、サフランやハチミツなどを添加して香りと色を楽しみました。ハチミツをワインに加えた「ムルスム」は食前酒として飲まれ、ワインとは別物と考えられていました。

ワイン以外の飲み物として、「デーフルトゥム」を紹介しましょう。これは果汁を煮詰めて作ったシロップで、牛乳とともに子どもの飲み物とされました。旅人や兵士の携帯飲料としては水と酢で作られ日持ちがする「ポスカ」がありました。もちろん、井戸水や溜めておいた雨水も飲まれていました。

ネロは水に関して一つの案を提示しています。雨水を煮沸して、雪で冷やして飲むというものです。現代の我々からすると衛生的で非常に良さそうな提案だと考えられそうですが、当時のローマ市民からはナンセンスだとして全く受け入れられませんでした。ギリシアの優れた自然科学を身につけ、現在でも使われるほどの水道システムを整備したローマ人でしたが、生水には細菌が潜んでいるという概念はまだなく、燃料を浪費して水を煮沸するという行為は理解できなかったのです。

また、当然ながら、当時冷蔵庫はありません。アルプスからわざわざ雪を運んで冷たくして飲む行為は非常に贅沢《ぜいたく》に映りました。豊富な食材が集まるローマ帝国ですが、根底には質実剛健という「先祖の美風」がありました。夏に水をわざわざ冷やして飲んだネロの行動は贅を極めたものだと否定的に捉えられたことでしょう。

ローマの味付けは少し和風

元々は質素な食べ物を好み、穀物や豆類を食べていたローマ人は前一四六年にギリシアを征服し、やがて地中海沿岸全域の支配勢力となりました。彼らは洗練されたギリシア文化を目の当たりにし、それを取り入れました。その柔軟さもローマの特色の一つでした。食文化も同様で、ハチミツ、ビネガー、魚醤に数種のハーブ、そしてスパイス類を取り入れました。共和政から帝政へと時代が進むにつれて使われるハーブやスパイスも多種多様となり、さらにぶどう果汁やハチミツを加えた濃厚な味付けに変容させました。

また、ローマは医術でもギリシアの影響を受けています。紀元前五〜四世紀の医師ヒポクラテスは味覚を苦味、酸味、塩味、甘味への四つに分類しましたが、古代ローマでは味の濃厚度は高まりました。彼らは大胆かつ果敢にそれぞれの味わいを追求し、食材に圧倒的な量で振りかけたのでした。四別した味の具体例は表の通りです。

絶滅危惧種最後の一本はネロ皇帝の腹へ

古代ローマ人が最も愛した香辛料がシルフィウムでした。苦みのあるこのハーブは属州キレナイカ（今のリビア）で自生していたものですが、栽培されることはありませんでした。

味覚	食材	発祥・備考
苦味	クミン ディル コリアンダー フェンネル セロリ　など	・ローマより千年以上前の古代エジプトで使用 ・古代地中海世界の食文化を受け継いでいた 「ピリッとした味」を苦みと認識していた
酸味	柑橘類の果汁 ワインビネガー	・シチリアは当時からレモンの一大産地で、「ローマの湖」となった地中海の沿岸地域の気候はレモンにも適していた ・大プリニウスが『博物誌』の中で「シトラス」と記したものが実際にはレモンだったのではないかという議論がある
塩味	塩 ガルム（魚醤の一種）	・ガルムはローマを代表する調味料 ・ガルムの製法はローマ帝国の滅亡とともに失われた
甘味	ハチミツ	・肉のステーキにもサラダにもリゾットにもデザートにもハチミツが使用された

味の四分類

この植物の茎や根も煮たり焼いたりできますが、一番重要なものが根から抽出される液汁で、その汁を樹脂状にした「ラーセル」が香辛料として輸出されていました。にんにくのような味わいだったそうです。

栽培することができなかったため希少価値のあるシルフィウムでしたが、羊もこの植物が好きでした。大プリニウスの『博物誌』はこう記します。

もうここ長年その国ではこれは見られない。というのは牧場を強奪した徴税請負人がそこでヒツジを放牧してそれをきれいになくしてしまったからだ。（中略）われわれの記憶では、たった一本の茎がそこで発見され、それがネロ帝のもとに送られた。（後略）
（プリニウス、中野定雄、中野里美、中野美代訳『プリニウスの博物誌（二）：第一二巻〜第二五巻）』一九・一五・三九）。中野定雄他訳『博物誌（第二巻）』より二次引用）

直接的には羊に食べられ、間接的にはおそらくサハラの砂漠化もあって絶滅に追い込まれたシルフィウム。その貴重な最後の一本をローマ人は引っこ抜き、皇帝ネロが味わって、シルフィウムは地球上から消え去りました。現代では代用物のアサフェティダ（和名はアギ

（阿魏））やすりおろしたにんにくを使って、古代ローマの味付けのおぼろげな輪郭を摑《つか》もうとしますが、やはりシルフィウムを食べてみたいですね。

ネロ祭の誕生

五九年、ネロは大きな行動に出ました。一二歳で政略結婚をさせられていた前帝クラウディウスの娘オクタウィアを離縁し、貴族出身のポッパエアとの再婚を望んだネロは、これに強く反対したアグリッピナを殺害します。以後、ネロは「実母殺し」の陰口を叩《たた》かれ、その統治には凶暴の度合いが色濃くなっていきました。六二年には離婚と再婚を強行し、貞婦と名高かった前妻オクタウィアに姦通罪《かんつうざい》の汚名を着せて自殺に追い込みました。

その前の六〇年、ネロはオリュンピア祭に対抗し、五年に一度開かれる「ネロ祭」を創設しました。この祭りは音楽、体育、戦車の三部門からなっています。ちなみに先に挙げた「パンとサーカス」のサーカスはいわゆる現在の「曲芸」のサーカスではなく、戦車競走の意味合いで使われます。

近代オリンピックのローマ大会からちょうど一九〇〇年前に開かれた、いわば「古代ローマのオリンピック」。ネロは自らの祭りに竪琴《たてごと》、詩、弁論の三種目で出場しました。ローマの皇帝でありながら、古代ギリシア文化を愛したのがネロです。芸術にも大いに精通していると自負し、竪琴を奏でながらの弾き語りを披露しました。

また、本家のオリュンピア祭にもネロは参加しています。ギリシア人が八〇〇年以上もかたくなに守ってきた四年に一度という開催周期を皇帝の命令で前倒しし、本来は六九年に開催されるはずだった大会を六七年に開かせました。ここでネロは戦車競技に優勝します。ただ、「途中で落車はしたが。もしゴールしていれば皇帝陛下が優勝されていた」という理由で。つまり、どういう形であってもネロを優勝とすることが決まっている出来レースでした。これを理解していなかった者はネロ以外にいなかったのでした。

稀代のヴォーカリスト

ネロは皇帝である前に一人の人間でした。そんな彼には、当時の社会では蔑まれていた芸人になりたいという願望がありました。特に歌が好きで、数千人に及ぶ観衆を集めたリサイタルを開くのが趣味でした。

六四年、ネロは詩人としてナポリで舞台に立ちます。この町はもともとギリシア人の植民市として創建されました。当時の名称は「ネアポリス」（ギリシア語で〝新しい都市〟）であったこのナポリにはネロの大好きなギリシア文化が多くありました。ポンペイウス劇場ではネロの独唱会が開かれましたが、この「稀代《きだい》のヴォーカリスト」の歌は人前で披露するのに疑問符がつくほどの退屈さであると後に酷評されました。さらに、先ほど挙げた六七年の変則開催オリュンピア祭では伝統になかった「音楽種目」を無理やり加え、もちろん自分が優勝しました。

ただし、ネロ自身の持つ自負は本物でした。プロの美声を持つヴォーカリストの自信と矜持《きょうじ》を備え、声のクオリティを保つストイックな食生活をしていたのです。

「美声のポロファージ（リーキのオイル和え）」

この章の最後に、皇帝であり歌手でもあるネロのお気に入りの料理を紹介します。複雑な味付けを好む帝政ローマの料理の中では、ネロのお気に入り料理は非常にシンプルです。日本ではポロネギという名で知られるリーキのオイル和えです。ポロファージ（Prass-phagos）はギリシア語起源で「リーキを食べる者」という意味があります。

そして、リーキは当時、声の通りをよくする野菜として知られていました。皇帝でありながらも芸人＝歌手としての自負もあったネロはとにかく普段から喉の調子を気にしていて、毎月決まった日を定めてポロネギにオリーブオイルをかけた料理だけを食べていました。その日はパンも肉も断ち、無心にリーキだけを食べていたそうです。「美声の薬」と捉えていたのでしょう。歌手ネロとしては、お気に入りの料理をこえた絶対に欠かすことのできない必須の料理だと言えます。期待に応えたい一心でリーキを食べ、美声を保とうとしたネロの心情を思い、この料理を「美声のポロファージ」と命名します。

先にシンプルな料理と書きましたが、『アピキウスの料理帖《りょうりちょう》』にはこんな記述があります。

十分に育ったポロネギを料理する。油と少量の塩を加えた水でポロネギを茹《ゆ》でる。取り出し、油、リクアメン、希釈していないワインをからめて供する。

もうひとつのポロネギのレシピ。キャベツの葉でポロネギを包んで茹でる。先述の料理と同様に供する。

リーキの料理法が二通り出てきましたが、ネロは特定の日はリーキ以外一切を口にしなかったそうですので、前者のレシピから作ることにします。油はオリーブオイルです。古代ローマでは、オリーブオイルが生活に欠かせないものとなっていました。様々な品質のものが手に入ったと言われています。その使用範囲は広く、料理、医薬品、化粧品、灯火、宗教上の祭儀、スポーツや競技会など、あらゆる場面でオリーブオイルが使われました。皇帝のためには一級品である一番搾りのヴァージンオイルがふんだんに使われたことでしょう。

続いて『アピキウスの料理帖』のレシピに出てくるリクアメンは魚醬の一種で、ガルムと類似した調味料です。塩気の多い調味料として古代ローマの食卓に出てきますが、喉のコンディションを保つことに苦心していたネロのことです。おそらくリクアメンは使わなかったでしょう。次に出てくる、希釈していないワインも同様です。

そのようなわけで、オリーブオイルと塩を加えたお湯で煮込んだリーキにエクストラヴァージンオイルをかけた料理となりました。非常にシンプルですが、リーキの旨味《うまみ》が随所に出て滋味深いです。ネロのお気に入りの一品だと実感できます。

最期は芸術家として

六八年に訪れたネロの最期は実にあっけないものでした。食の安定供給を果たすという皇帝の責務を半ば放棄し、娯楽に傾倒したのがきっかけでした。穀物価格の高騰に悩むローマ市民が小麦を積んであるとばかり思っていた輸送船に、実は競技場で使われる砂が積載されていることが発覚します。食があってこその娯楽です。これでネロは市民から皇帝失格の烙印を押されます。

一方、属州のガリアでは反乱が起きていました。皇帝という立場で国を私物化し、母を殺し、妻を殺し、有能な人材を国家反逆の罪名で殺し、賤《いや》しい芸人の姿で下手な歌と竪琴を弾いて悦にいっているというわけです。前から皇帝打倒の機会をうかがっていた上流貴族たちが議席を占める元老院もこれに乗じ、ネロを「国家の敵」と宣言しました。在位一四年の末、解放奴隷出身の愛人アクテ以外の誰からも見捨てられ自殺を選んだ皇帝の最後の言葉は「これで一人の芸術家が死ぬ/何と惜しい芸術家が、私の死によって失われることか」であったと伝えられています。

この言葉にネロのすべてが詰まっていると言えるでしょう。母の欲望の象徴として皇帝に就いた後、ローマを統治すべく自分の手腕を上げていったものの、彼が本当になりたかった者は世界帝国ローマの絶対権力者ではなく、あこがれたギリシアの文化を一身に表現することのできる歌手でした。そのために選んだ食生活は昔の古代ローマの質実剛健さながらにストイックにリーキを食べ、美声を保つものでした。自分のパフォーマンスを求めてくれるローマ市民のためにという思いからの行動でしたが、残念ながらそれは幻想でした。

しかし、ネロにとって全ての現実から解放される瞬間がこの歌手活動でした。三〇歳で迎えた死の瞬間までその願いは変わらなかったのです。そして、皇帝としての記録を抹殺しようとする元老院の思惑とは逆に、大衆に愛されようとしたネロの簡素な墓に花を捧《ささ》げる民衆は絶えなかったとも記されています。

ポロネギを食べるチャンスがあれば、皇帝ネロがヴォーカリストとしての矜持をかけた二〇〇〇年前のストイックな食生活に思いを馳せてみてはいかがでしょうか。

4　楊貴妃　茘枝は幼少期の味

妃嗜茘支，必欲生致之，乃置騎傳送，走數千里，味未變已至京師。

（妃ハ茘枝《れいし》ヲ嗜《たしな》ミ必ズ生ノママ之《これ》ヲ致サシメント欲ス。スナワチ騎ヲ置キ伝送シ数千里ヲ走ラシム。味変ゼズシテ、スデニ京師ニ至ル。）

＊楊貴《ようき》妃《ひ》は茘枝（レイシ／ライチ）を好み、必ず新鮮なものを欲しがりました。そのため、騎馬を置いて数千里を走らせて、茘枝の味が変わらぬ内に帝都（当時は長安のこと）へ届けました。

（『新唐書』巻七十六「列伝第一　后妃上」。カッコ内は村山吉廣『楊貴妃　大唐帝国の栄華と滅亡』より。＊は著者試訳）

楊貴妃（七一九～七五六）は、唐《とう》の第六代皇帝である玄宗《げんそう》（在位七一二～七五六）の治世の七一九年（開元七年）に生まれました。幼名は玉環《ぎょくかん》で、玉（ヒスイ）で作った環のこと、つまり腰に佩《お》びる飾りの品を意味していました。中国では古代より玉に神霊が宿ると考えられ、その美しさから女性の名前に用いられていました。

父は楊玄琰《げんえん》と言い、蜀《しょく》州の司戸という役職にあった民生官です。蜀州はいまの四川省崇州市です。蜀州から冒頭の帝都である長安までは北東へおよそ七五〇キロメートルの距離があります。

さて、冒頭に引用した茘枝の逸話。楊貴妃は幼少のころより茘枝を好んでいました。当時は特に中国南部の広東産の茘枝が最上の美味しさだったそうで、瑞々《みずみず》しい生の茘枝を美味しく食べるべく、南方から長安まで騎馬を走らせて取り寄せたそうです。

この逸話は、楊貴妃が幼少期から味わった果物の美味を忘れがたく、それに執着したものだと捉えることができます。現代、日本で味わえる茘枝も美味しいのですが、当時はどれだけ絶品だったのでしょうか。想像が膨らみます。

玉環は幼い頃に両親を亡くし、蜀州の地方官であった叔父の楊玄璬《ようげんきょう》に引き取られ育てられました。そして、七三五年（開元二三年）玉環は玄宗と武恵妃（六九〇？〜七三八）の子で第一八皇子の寿王《じゅおう》李瑁《りぼう》（七一五〜七七五）の妃となりました。その後、武恵妃が亡くなると、七四〇年一〇月、義理の父にあたる玄宗に見初められます。長安から東に二五キロメートルほどのところにある驪山の温泉宮、華清池でのことです。玄宗は息子夫婦を離縁させた上で玉環を出家させて道教の寺院に預け、再び還俗《げんぞく》（俗人に戻る）させるという複雑な手続きを踏んで、とうとう彼女を自分のものにします。

七四五年（天宝四載）、玉環は後宮で正妃（故人）に次ぐ位である貴妃の称号を賜りました。楊貴妃は玄宗の寵愛を独占することとなりました。これは美貌もさることながら、才能もあり、機転もきき、舞も上手で音楽の素養もある人物だったからと「長恨歌伝」や『新唐書』の后妃伝などに記録が残っています。

世界最大級の国際都市長安

玄宗の治世は唐の中で最も長い四四年間を数え、天下泰平で人口も増加し、国力も充実した時代でした。正に唐の最盛期（盛唐）です。長安は、南北が八六五一メートル、東西が九七二一メートルで、北辺の中央に大極殿を中心とした宮城を備え、碁盤目状の道路で東西南北に区画された都市でした。広さはおよそ八〇〇〇ヘクタールほどで、東西に市があり、西市にペルシア人やソグド人、ウイグル人など各国の商人が住み、営業していました。八世紀前半の玄宗時代には人口七〇～一〇〇万を誇り、世界最大級の国際都市として繁栄しました。

長安城内には、多数の仏教寺院や、道教の寺院の他にネストリウス派キリスト教である景教の寺院（大秦寺）、さらにゾロアスター教の寺院である祆祠《けんし》がありました。また、安史の乱の平定のためにウイグルに援軍を要請した結果、ウイグルの発言が強まったため、その信仰するマニ教の会堂設置を認めることとなり、摩尼《マニ》教寺院として大雲光明寺が建立されました。

また、イスラームとは戦いとともに交流も行なっています。唐は中央アジアまで領域を広げていて、アッバース朝（第5章参照）と接していました。七五一年には、東ユーラシアの雄である唐と西アジアから勃興したアッバース朝がタラス河（現在のカザフスタンとウズベキスタンとの国境近く）で雌雄を決する戦いを行ないました。結果はアッバース朝が勝利し、唐の西域進出が滞ると共に中央アジアのイスラーム化が進むこととなりました。また、唐軍の捕虜がイスラーム世界に亜麻布のぼろを原料とする製紙法を伝えました。文化の東西交流として大きな出来事でした。イスラームとの交流では、アラビア人やペルシア人商人が長安で商業活動を行なったことで、長安にもイスラム教が自然と広まっていきました。そうした結果、七四二年には中国最古のモスクである西安大清真寺が建立されました。

茘枝の栽培は二〇〇〇年以上の歴史があります。中国固有の果物である茘枝はレイシと読み、中国語の発音はLìzhī（リーヂー）です。日本では英語名のLitchi（ライチ）でよく知られています。今日では、茘枝は中国の広東省、福建省、海南省、四川省、雲南省、広西チワン族自治区等、幅広く分布しています。

茘枝が歴史上に登場するのは紀元二世紀のこと。司馬相如《しばそうじょ》の『上林賦《じょうりんのふ》』の中で、離支（れいし）が植えられていると記されています。当時は「離支」と記していました。魏晋南《ぎしんなん》北朝《ぼくちょう》時代の北朝の北魏《ほくぎ》で五三〇〜五五〇年の間の成立とされる、賈思勰《かしきょう》が著した生活技術書である『斉民要術《せいみんようじゅつ》』では、「茘支」と記され、次頁の表の通り記されています。

唐代の食事情と料理

唐代の遺跡からは、箸が多く出土していて、銀製のものがよく見られます。当時の宴会では、ベンチのような椅子に何人かで腰かけて座り大きな食卓で会食するのが一般的でした。自分の前には箸と匙《さじ》を横向きに並べて置き、食事の時に使い分けていたそうです。

前述の『斉民要術』のようにレシピが記された料理書等は現存していません。しかし、料理名が残っている文献は存在します。武周の女帝武則天《ぶそくてん》（在位六九〇〜七〇五）やその子で

『広志』
晋の学者郭義恭がまとめた三世紀末～四世紀末晋朝期ごろに書かれた史書
・茘支は木の高さが五～六丈で、桂に似る
・緑の葉がおいしげり、冬も夏もうっそうとしている
・花は青く、果実は朱色で、大きさは鶏卵ほどである
・核は黄黒色をしており、熟した蓮の実に似る
・果実は白く、あぶらのようで、甘くて汁が多い
・また、安石榴《ザクロ》に似て、甘酸っぱいものがある
・夏至の日が暮れようとするとき、真っ赤になった果実を食べるとよい
・一本の木に果実が一〇〇石もなる
・犍為《けんい》、僰道《ぼくどう》、南広では、茘支が熟するときに多くの鳥が肥える
・そのため、これを焦核、春花、胡偈と称する
・亀の卵に似て大きく、酸っぱいので、麴などに漬けて、味をまろやかにする
・多くは稲田の間に生える

『異物志』
東漢の楊孚の著作
・茘支は果実である
・汁が多く、甘みがあり口当たりがよい
・多少の酸味があって、味が引き立つ
・数多く食べても問題ない
・なまのときは、大きさが鶏卵ほどで、光沢がある
・皮をむいて乾かすと小さくなり、なまのものとはかなり異なる
・四月の初めに熟す

史料にみる茘支

ある唐の第四代皇帝中宗《ちゅうそう》（在位六八四／七〇五〜七一〇）に仕え、宰相を務めた韋巨源《いきょげん》（六三一〜七一〇）が著した『食譜』には、尚書令（尚書左僕射《しょうしょさぼくや》、尚書令の左大臣）に任じられた際、皇帝中宗に献上した食べ物目録が残されています。別名「焼尾宴食単」と称されていて、多種多様の料理が列挙されています。五代の時代の人物である陶穀（九〇三〜九七〇）の書いた『清異録《せいいろく》』という随筆には、その内の五八種の奇抜な「焼尾食」（皇帝への献食。後に皇帝のための宴、贈霊、謝恩も意味するようになる）だけが抄録されているのです。その一部を見てみましょう。

一部列挙します。

曼陀様夾餅、巨勝奴、婆羅門輕高麵、貴妃紅、七返膏、御黄王母飯、生進二十四氣餛飩、同心生結脯、唐安餤、玉露團、天花饆饠、素蒸音声部、白龍臛、鳳凰胎、八仙盤、格食、蕃體間縷寶相肝、

高炉で烤《や》いて作る形が曼荼羅《まんだら》に似た米粉または小麦粉で作ったひらたく円形の食品で挟んだもの（曼陀様夾餅）や味が辛めで色が紅の油と小麦粉で作ったサクサクした食品（貴妃紅）、

花の形をしていてそれぞれ餡《あん》を異にする二四種の餛飩《こんとん》（生進二十四氣餛飩）、模様のあるサクサクしたパイ生地のような食品（玉露團）、素食餡の小麦料理で、七〇人の音声人（楽師と歌女の意）の姿を模して形作り蒸したもの（素蒸音声部）、八羽の骨を取り除いたガチョウ（八仙盤）など名前を見ただけでは想像もつかない見世物料理もありました。この漢字の連なりを見ていると、皇帝の宴を彩る奇抜な料理の数々が字面から襲い掛かってくるような心地です。

また、唐代では飲食店の数も多く、経営規模も大きいものでした。長安の大規模な料理屋では、宴会を設けることもでき、すぐに五〇〇人もの料理を用意できたそうです。また、長安には餛飩（ワンタン）店、饆饠《ひちら》（唐菓子）店、胡餅店、茶館や各種屋台なども集まっていました。

胡食の存在

古代中国では漢代から飲食生活に重大な変化が起こります。外地からの物産の大量流入です。中国では、古代より外来のものに「胡《こ》」をつけて呼んでいました。その例として、胡服、胡帳（カーテン）、胡坐（あぐら）、胡笛、胡舞、胡器があり、また胡食の流行がありました。

外来の食材として「胡」食はどういったものがあるか。漢字が伝えてくれます。例として、胡椒《コシヨウ》、胡麻《ごま》、胡荽（コエンドロ、コリアンダー）、胡瓜《きゅうり》、胡桃《くるみ》などがあります。また、にんにくも「胡蒜」と記されることがある通り外来です。

コショウは、『斉民要術』の第四巻の第四三章「種椒」において、『広志』を引用して「胡椒出西域（胡椒は西域に産す）」とあります。漢代の記録には天竺、つまりインドに胡椒ありと記されていて、インドから来たことが明示されています。『斉民要術』では、胡炮普教切肉法（羊肉の蒸し焼き）の一品にコショウが使われています。こちらは当時交流のあったササン朝ペルシアからもたらされた羊の食し方で、羊肉の下ごしらえにコショウ、白ネギ、山椒《さんしょう》、ショウガ、ヒハツなどを加えて味をととのえるとあります。コショウの使用が胡式（外来）の料理のみと限定的だったことがわかる資料です。

また、先に「胡」のつく食材として胡麻や胡荽を出しましたが、これらも『斉民要術』の羹《あつもの》料理の章にレシピが提示されています。コリアンダーが使われる料理は、作胡羹法（えびすのあつものの作り方）で、羊肉を煮込んだ時にコリアンダーやざくろ果汁を加えているのが特徴です。外来の食材が使われているので料理名に「胡」が記されているのでしょう。ゴマもあつもの料理の章に記載があり、ゴマを煮込んだ後、アサツキと米を加えて煮るとあります。

にんにくは、西晋の文学者で政治家の張華《ちょうか》（二三二〜三〇〇）が『博物誌』の中で、「張騫使西域、得大蒜、胡荽（張騫は西域に使いをして、にんにくやコリアンダーを得たり）。」と記していて、『斉民要術』の第三巻第一九章「種蒜」でも引用されています。この張騫《ちょうけん》（？〜前一一四）とは、前漢時代の人物で前漢の第七代皇帝武帝（在位前一四一〜前八七）の命により現在のウズベキスタンからアフガニスタンにかけてのあたりにあった大月氏国（前一四〇頃〜一世紀）に赴いた人物です。彼により西域の情報と文物が中国にもたらされ、後世シルクロードと呼ばれる交易路ができあがりました。にんにくは外来の料理のみならず、従来の料理に香辛料として使われ始めました。『斉民要術』では「八和齏《やかてのつきあえ》」という八種の薬味を混ぜたたれのレシピに、にんにくが登場します。八種の薬味とはにんにく、ショウガ、ちんぴ、シラウメ、栗、炊いたうるち米、塩、および酢です。ちんぴは柑橘類の果皮を干したもので、こちらも外来の食材でした。

玄宗と楊国忠の食の逸話

玄宗が楊貴妃を寵愛する中で、楊一族が政界で台頭するようになりました。特に、又従兄にあたる楊国忠《ようこくちゅう》（？～七五六）が立身出世を果たし、中書令（宰相）の地位をわがものとしました。

七五五年、楊国忠との対立が深まった安禄山《あんろくざん》（七〇三～七五七）が起こした叛乱（安史の乱）で、安禄山の軍隊が長安に迫りました。玄宗たちは長安を離れ、蜀の地へと逃亡することとなりました。

その道中、玄宗たちは咸陽の集賢宮に到着しましたが、食べ物がありませんでした。北宋《ほくそう》の司馬光《しばこう》（一〇一九～一〇八六）が編纂した『資治通鑑《しじつがん》』の「玄宗記」には、楊国忠が自ら市場に出かけ胡餅《こべい》を買って、袖の下に入れて持ち帰り皇帝に献上したそうです。一方、同行した楊貴妃以下の宮人や兵士たちは食事にありつくことができず、飢餓に襲われていましたが、咸陽地方の人民たちが集まり、この状況に同情し麦や豆などの食物をふるまったそうです。

ここで、楊国忠が献上した胡餅を紹介します。胡餅も「胡」が入っている通り、外来の餅です。漢語の「餅」の定義は、「穀類の粉をこねて固形にして加熱したものを指す」とあるので、パンのカテゴリーに含まれると言えるでしょう。後漢代の『釈名《しゃくみょう》』の「釈飲食」では「小麦、玉蜀黍《とうもろこし》、粟などの粉にゴマ」等をまぜて鍋や炉で焼いたものとありますし、唐代の白居易（七七二〜八四六）が詠じた詩には小麦粉をこねた胡餅を油で揚げるとあります。

先の『斉民要術』では、第九巻の第八二章「餅法」に「髓餅法」という名のレシピがあり、そこに「胡餅鑪」と呼ばれる胡餅を焼く炉のことが記されています。レシピには、小麦粉と髄脂と蜜を混ぜて胡餅鑪で焼き、その際はひっくり返さず片面焼きすることとあります。

こうした炉で大量生産された胡餅というパンは大量に市場に流通され、八世紀後半の安氏の乱の頃には、市中で普通に買える商品となっていたのでした。

盛唐の終り

安史の乱の引き金となったことで、楊国忠は殺害され、楊貴妃は死を賜りました。玄宗は、譲位して太上皇となるも、戦乱後長安に戻った後は半ば軟禁状態で余生を送り、七六二年に亡くなりました。

安史の乱の結果、唐という国の体制も不安定となり、そのダメージは非常に大きなものでした。吐蕃《とばん》に長安を一時期占領されるという事態が起き、乱により荒れ果てた華北では多数の流民が生じるなど、盛唐の時代は過ぎ去りました。

楊貴妃に溺れた玄宗の「堕落」した日々は、逆説的に唐がそれだけ発展して安定していた時代だったと言えるでしょう。

5　ハールーン・アッ＝ラシード　食は市場《スーク》にあり

アブー・ハサンはカリフさま〈著者注：ハールーン・アッ＝ラシードのこと〉の向かい側に腰をおろし、二人とも好きな料理をとっておおいに食べました。食事中は話もせず、ワインも飲まないのがバグダードでのならわしなのです。二人が食べ終えると、カリフさまの奴隷が手洗い用の水を用意し、アブー・ハサンの母が皿をかたづけて食後のデザートを運んできました。ブドウ、モモ、リンゴ、ナシといった季節の果物が山盛りになっており、アーモンド粉でつくった菓子もいっしょでした。

（西尾哲夫訳『ガラン版 千一夜物語』（五）「目ざめて眠る者の話」）

世界中で有名な物語の一つに『アラビアンナイト』、またの名を『千一夜物語』もしくは『千夜一夜物語』があります。その中に登場するカリフ（ムハンマドの後継者として、全イスラム教徒を統率した教主兼国王の呼称）が冒頭のハールーン・アッ＝ラシード〈在位七八六〜八〇九〉です。

史実のハールーンは、バグダードを中心に中東を支配したアッバース朝の第五代のカリフです。カリフに即位する前は、軍事的指導者として、イフリキア（現在のチュニジア）、エジプト、シリア、アルメニア、そしてアゼルバイジャンなど様々な地で総督を務めました。また、彼は七八〇年と七八二年に、当時は摂政で後に女帝となるエイレーネー（在位七九七〜八〇二）が統治するビザンツ帝国（第6章参照）への親征も行ない、戦果を挙げました。

アッバース朝は彼の治世に最盛期を迎え、文化的活動が活発となりました。ハールーンの庇護《ひご》下で美術やアラビア文法学、文学、音楽が花開きました。カリフは詩と詩人を愛し、文人や法学者を好んだのです。特に正しいアラビア語で頌詩《しょうし》を作る詩人を好み、褒美を取らせました。ハールーンはササン朝ペルシアより続く学術都市ジュンディーシャープールから学者を招き、「知恵の宝庫（ヒザーナ・アル＝ヒクマ）」という図書館をバグダードに建設しました。

七九六年、ハールーンは、自分の居城を現在のシリア北部のラッカに移します。それ以降治世の大半をそこで過ごしました。バグダード自体は行政機能を残し、行政と商業の中心地として変わらず繁栄を続けました。カリフが居城を移した理由は、豊かな農地があり当地の人口を支えることができる点でした。加えてビザンツ帝国により近く、親征も防衛にも向いていること、ユーフラテス川中流域に位置しラッカからバグダードへの交通が容易であることなどに居城を構える利点があると感じたのでしょう。

八〇九年、ハールーンは、ビザンツ帝国との戦いに向かう途中で病死してしまいました。経済や文化が隆盛していたアッバース朝ですが、偉大なカリフの死によって、次第にその勢いに陰りが見えてくるのですが、それはまた別の話として……。

国際交易都市バグダード

ハールーンがカリフとして統治していた首都バグダードは「全世界で比肩するもののない都市」と称されています。

この円形都市は知識、文化、貿易の中心地として繁栄しました。「平安の都」とも称されたバグダードは、イラクの穀倉地帯サワード平野の中心に位置し、農産物の集散地と言える土地で、初めから国際都市として建設されました。また同地はティグリス川とユーフラテス川が最も近接する地域で、河川を結ぶ数多くの運河が掘られ、交通用と灌漑《かんがい》用と飲料用など用途に応じて用いられました。イスラームの歴史家で地理学者のヤークービー（?～八九七）は、当時のバグダードの繁栄ぶりを文章に残しています。

バグダードは三万のモスク（マスジド）と一万の公衆浴場（ハンマーム）が建ち並ぶ大都市に発展した。ユーフラテス川から運河も引かれて、市場や商店のある河岸にシリア・エジプト方面から運ばれる小麦粉その他の商品が陸揚げされるようになった。水利がよくなったために、町の周囲には耕地や果樹園が増えた。（中略）近くをティグリス川、ユーフラテス川の両大河が流れているので、バグダードには各種の商品や物資が、陸路および水路を利用して、いとも簡単に運び込まれる。交易の相手は、東方や西方のイスラーム諸国に限らず、遠くインド、シンド（インド西部）、中国、チベット、トルコ、ダイラム（カスピ海西南部）、ハザル（黒海とカスピ海の間）、エチオピアの地方からも、あらゆる種類の商品がもたらされる。

（ヤークービー『諸国誌』、佐藤次高『世界の歴史〈8〉イスラーム世界の興隆』より二次引用）

バグダードの城市の南方にあるカルフ地区にある市場（バザール）には、イラク南部サワード地方の大麦、米、ナツメヤシ、エジプトの小麦、シリアの小麦などが集められました。

交易の十字路として非常に重要な場所でした。また、大市場には、エジプトのリネン、シリアのガラス器、ペルシアの絹など帝国各地の物産と中国の陶磁器、東南アジアの香辛料、中央アジアの瑠璃《るり》、織物、北欧・ロシアのハチミツ、琥珀《こはく》、毛皮、東アフリカからの象牙など国外からの物産も届けられて、世界中で最も多様な商品を入手できる場所となりました。バグダードは世界中の文物だけでなく、種々雑多な人々が集まる国際都市でした。アラブ人、ペルシア人、ユダヤ人、ギリシア人、北アフリカのベルベル人などが行き交いました。ハールーン治世末期の八世紀末には、バグダードの市街地はティグリス川の西岸から東岸へと拡大します。ルサーファ地区やシャンマーシーヤ地区などが形成され、各地からの移住者が流入し、円城外に居住区を作って住み始めるようになりました。

バグダードを繁栄させたもう一つの要因が灌漑農業です。農園で生産された農作物は、大都市の人口を養いました。

こうして人口も一〇〇万人近くまで膨れ上がりました。この人口は、八世紀前半の隆盛時の東アジアにおける唐（第4章参照）の首都長安の人口（七〇〜一〇〇万人）に拮抗《きっこう》するものでした。ヨーロッパのビザンツ帝国がおよそ三〇万人の人口規模でしたので、バグダードがいかに世界最大級の都市だったかがわかるでしょう。また、バグダードの広さは、円形のプランを持つ王宮とそこから円状に広がる市街地まで含めておよそ四〇〇〇ヘクタールでした。一方、唐の長安の広さはバグダードの二倍の広さを誇りました。八世紀における世界を代表する二大都市と言えるでしょう。

カール大帝との交流

ハールーンの治世には、フランク王国との交流もありました。ハールーンはフランク王国の国王で、神聖ローマ皇帝カール大帝（在位七六八〜八一四）との間に使節を交換しています。カール大帝の家臣かつ友人で歴史家のエインハルドゥス（七七〇頃〜八四〇）の『カール大帝伝』の中で、ハールーンの使節団がカール大帝に献上した品々について次のように記しています。

曰《いわ》く、ペルシア人（ハールーン）は、象と猿、香油と甘松香《かんしょうこう》、さまざまな軟膏《なんこう》、香辛料、香料、種々の薬物を持ってきて皇帝（カール大帝）に献上しました。その量は「東方がすっかり空となり、西方が一杯になったと思われるほど」莫大《ばくだい》なものだったのです。ちなみに、贈られた象はカール大帝が八〇二年にカリフに所望したものでした。象は「アブー・アッバス」と名づけられました。また、エインハルドゥスがハールーンをペルシア人、ペルシアの王と記していた点も興味深いところです。フランク王国では、アッバース朝をペルシアの国と認識していたようです。

献上品の物量は、イスラーム圏が西欧よりも経済面でも軍事面でも文化の豊かさの面でも優れていたことを示しています。国際交易都市バグダードを擁し、世界各国の多種多様な物資が流通していたアッバース朝の経済規模と、東方からの物産があまり流入することなく商業圏が限定的で低調だったフランク王国の当時の状況が見て取れるようです。

『千一夜物語』の食描写

冒頭に紹介した『千一夜物語』は、九世紀頃に原型ができたと言われており、現存する最古の写本は、九世紀に書かれた断片であるとされています。『千一夜物語』はペルシア、インド、ギリシアなど様々な地域の物語を含むもので、当時の庶民の生活をうかがいしることができる史料としての側面を持ちます。

物語は市場（スーク）から始まり、雑踏と喧騒《けんそう》から話が進むというのも『千一夜物語』の特徴です。「荷担ぎ人足と乙女たちとの物語」では、シリアのりんご、オスマニ（南アジア）のまるめろ、オマーンの桃、アレッポのジャスミン、ダマスカスの蓮《はす》、ナイル川のきゅうり、エジプトのレモン、スルタンみかん、肉屋でバナナの葉に包んだ肉、ピスタチオ、干しぶどう、アーモンド、砂糖入りバターの菓子、麝香入りでひき肉を詰めた菓子、バラの水、オレンジの水、酔う飲料、乳香《にゅうこう》、伽羅《きゃら》、竜涎香《りゅうぜんこう》、麝香などが幅広く登場し、活況な市場であるとともに世界中のあらゆる品物が売られている世界市場の片鱗《へんりん》を随所に表しています。

「商人ウマルと三人の息子、サーリムとサリームとジャウダルの物語」では、「パンと一切れのチーズが欲しい」と答える描写があり、宮廷の豪華な料理と比較して慎ましい庶民の暮らしも描写しています。

「バグダードの漁師ハリーファの物語」では、「色とりどりのさまざまな魚」が網にかかっている描写もあります。実は古代メソポタミア（第1章参照）の文書には豊富な種類の魚の単語が登場し、この地域でも人々が貴重なタンパク源として魚介類を味わっていたことがわかっています。現代でもイラクではティグリス川、ユーフラテス川での獲れた淡水魚を使った鯉《こい》の円盤焼き料理マスグーフを国民食として味わっています。

「せむし男と、仕立屋、ナザレト人の仲買人、御用係およびユダヤ人の医者との物語」では、舞台は中国と謳《うた》っていますが、市場（スーク）が舞台に登場し、魚のフライ、パン、レモン、砂糖とごま入りの白いハラウア（捏粉《ねりこ》菓子の一種）を買い込んでいます。特に、パンや果物などと共に魚のフライを買いこんでいるという組み合わせが興味深い記述です。「エジプト人アリー・アッザイバクの物語」では、「レンズ豆と米と肉汁とシチューとバラ水、六皿目は米とハチミツで作った甘い料理」という具合に米が登場するのが特徴です。米はアッバース朝の食卓にも登場し、主食としてではなく砂糖やミルクを使った甘い料理の食材として使われました。米はすでにササン朝ペルシア時代に現在のイラク全域で耕作されていました。イスラームの征服後、その栽培はオリエント世界へと広がっていき、アッバース朝の治世初期には、栽培地域もかなり拡大していきました。

中世アラブ料理書

中世アラブ世界およびアッバース朝宮廷の料理書が存在します。現存する料理書のなかで最も古い書が、ハールーン亡き後の一〇世紀後半のバクダードで、アル＝ワッラーク（生没年不詳）が編纂《へんさん》した『料理と食養生の書』です。アル＝ワッラークについては、生没年だけでなく、その生涯もよくわからない謎だらけの人物です。

本書は、アッバース朝の代表的な宮廷料理書で、全一三二章で構成され、料理の調理法のみならず、食養生法、食事マナー、料理を題材とした逸話や詩が記載されています。また、これらの内容については、編者は本書の序文ですでにある各分野の本からの引用であることを述べています。本書は一〇世紀アッバース朝バグダードにおける食に関する知識の集成と言えるでしょう。

本書に登場する料理の調理法は、なんと五五二種類にも上ります。調理法の特徴としては、竜涎香、麝香、モツヤク、ローズウォーター、サフラン、シナモン、クローブ、ナツメグ、カルダモン、メースなど当時薬として重宝されていた香辛料が多量に使われたことでした。『千一夜物語』の「荷担ぎ人足と乙女たちとの物語」で売買された香料がここで使われたことでしょう。

また、本書の料理の多くはペルシア語由来の料理名で、中にはペルシアの君主にちなんだ逸話もあるようです。バグダードの料理人はペルシアの影響を強く受けて、中世アラビア料理に反映していきました。形を変えながらも現在まで残っている料理としては、「ムハラビーヤ」があります。七世紀のホラーサーン（現在のイランから中央アジアにかけての地域）総督の名前にちなんで名づけられたこの料理は、ライス（またはミルク）プディングの一種です。米を煮込んだ甘い料理で、鶏肉と米を鍋に入れ、牛乳を注ぎ、そこへコリアンダー、クミン、シナモンそしてサフランを加えて煮込むというものです。この料理はアラブ世界で非常に流行し、一三世紀のマグリブ（北西アフリカ）・アンダルス（イスラーム政権支配下のイベリア半島）地域の料理書にも記述されています。

ここで砂糖についても触れておきましょう。砂糖は中世のイスラーム世界で普及し、やがて西方へと伝わっていきますが、七〜八世紀以降、新しい精製技術の進歩によりグラニュー糖が広く普及しました。砂糖は主に薬用に使われました。食用としては、特別な行事や祭事、あるいは余裕のある貴族階級に限られたものでした。アラビア医学の伝統の中で、砂糖は、他の成分の苦味を緩和するための甘味料として、また保存料として使用されるようになったのです。八世紀以降、砂糖が食餌療法の目的で徐々に普及し、特に病人や高齢者のための食欲回復剤として料理に使用されました。

続いて紹介する料理はラウジナージです。アーモンドを主原料とする菓子で、アラブ・イスラーム世界における中世のデザートの真髄とも言われ、最大級の賛辞が贈られました。このお菓子もペルシア発祥で、挽《ひ》いたアーモンドに砂糖をまぶし、ローズウォーターと混ぜ合わせます。

他にもシクバージと呼ばれるビネガー入りビーフシチューがあります。この料理もアッバース朝のみならず、ササン朝ペルシアから食されてきた伝統の宮廷料理です。ササン朝ペルシア全盛期の王のホスロー一世（在位五三一〜五七九）をして「あらゆる料理の女王」と言わしめた料理です。語源はペルシア語で酢を意味するsirkeから来ており、ビネガーがポイントとなっています。この料理には様々なレシピがありますが、一般的には肉とタマネギ、他の野菜をビネガーで煮込んだ料理です。広く食されていて、社会経済的レベルに応じて、ハチミツや砂糖、デーツなどの甘味料が使われ、より豪華なレシピでは、高価なスパイスとしてサフランが加わります。今日では、この料理は中東のレパートリーから完全になくなりました。

「ペルシア」を吸収したアッバース朝の食文化

ティグリス川とユーフラテス川が最も近接する地域に首都バグダードを建設したアッバース朝は、ペルシアの文化を存分に吸収し、ハールーンの治世で最盛期を迎えたと捉えることができそうです。ササン朝ペルシアの旧都クテシフォンのほど近くにバグダードを設計、建築し、ペルシア建築技術を取り入れ、宮廷ではペルシア人を登用するなど要所にペルシア文化を組み入れて、当時の世界最大都市へと成長していきます。そしてそんなアッバース朝宮廷では、料理もペルシアの食文化を継承し、それを原型に新たなアラビア料理を作り上げていきました。ササン朝ペルシアの王ホスロー一世からアッバース朝カリフのハールーン・アッ＝ラシードへと受け継がれた歴史の積み重ねを感じずにはいられません。

6　バシレイオス一世　古代から中世へ

マケドニア王朝バシリウス〈著者注：ラテン語でバシレイオス一世〉の家系は〈これが傲慢と阿諛《あゆ》によるための偽の産物でないならば〉最も著名な家系の有為転変の真正な姿を提示している。ローマの仇敵《きゅうてき》であったアルサケス王家［前三世紀のアルサケス一世にさかのぼる古代パルティア王家］は四百年近く東方の王笏《おうしゃく》を保持したが、これらパルティアの王族の若い分家がその後もアルメニアに君臨し続け、彼ら王族の後裔《こうえい》はこの古代君主国の分割と隷属の後まで生き延びた［この皇統の家系は総主教フォティウスがバシリウスのために作り上げた虚構である、とビュアリの註がある。実際は「最も卑しい素性からの成り者」とオストロゴルスキーは述べている］。その中のアルタバヌスとクリエネスの両人はレオ一世の宮廷へ逃亡もしくは引退し、彼の好意で両人はマケドニア属州の安全で快適な亡命地に落着きアドリアノープルが彼らの最終的な住居となった。彼らはその後何世代かの間その出自の品位を保持し抜き、彼らをその故国へ呼び戻そうとするペルシアやアラブの権力の誘惑的な申し出をローマ流の愛国心から拒絶した。しかし時の流れと貧困で彼らの光輝も徐々に色褪《いろあ》せ、我がバシリウスの父親は小さい農地を自分の手で耕す境遇にまで零落した。しかし彼はアルサケス王家の血を平民との婚姻で汚すのを肯《がえ》んぜず、アドリアノープル在の寡婦だった彼の妻はその先祖にコンスタンティヌス大帝を数えるのを誇りとした。その上に両人の間の我が嬰児《えいじ》は相貌もしくは地縁の漠然たる類似でマケドニアのアレクサンドロスとも結びついていた。

（エドワード・ギボン、中野好夫、朱牟田夏雄、中野好之訳『ローマ帝国衰亡史』第四八章）

ビザンツ帝国もしくはビザンティン帝国で知られている東ローマ帝国。実は正式な国名は「ローマ人の帝国」でした。ローマではなくコンスタンティノープル（現イスタンブル）を首都においたキリスト教の国でローマ帝国の継承国家です。ビザンツ帝国を構成する要素は、ローマ皇帝位が受け継がれていること、キリスト教化が進んだこと、主要な言語がギリシア語であることです。バルカン・アナトリア地域は古代より、日常の行政や文化ではギリシア語が優勢でしたが、ローマ人としてのアイデンティティを持っていた人々が帝国民の多数を占めていました。つまり、ギリシア語を話す人々が自らや自らの国を「ローマ人」、「ローマ帝国」と呼ぶ国家だったのです。そんなビザンツ帝国では、七世紀から帝国統治もギリシア語で行なわれるようになっていきました。しだいに行政言語もギリシア語となっていきます。

ビザンツ帝国の新展開

九世紀に入ると、ビザンツ帝国は転換期を迎えます。ハールーン・アッ＝ラシード（第5章参照）の死去後、アッバース朝の勢力後退による東方イスラーム勢力の襲来が落ち着き、地方軍団の司令官たちによる反乱も収まると、皇帝権力が強化され、皇帝専制体制の下で安定期を迎えました。

そして、ビザンツ帝国の安定期には、ビザンツ人は運さえ良ければ、誰でも皇帝になれるという考えを持っていました。そんな時代に登場したのがバシレイオス一世（在位八六七～八八六）です。バシレイオスはマケドニア地方の出身で、アドリアノープル近郊に入植したアルメニア系農民の後裔だと言われています。わかりやすい立身出世をしたようで、首都のコンスタンティノープルに出て有力者に取り入り、そのコネクションを生かして皇帝のお気に入りグループに入り込みました。

バシレイオス一世は、持ち前の才覚を発揮して栄達を重ね、八六六年、皇帝ミカエル三世から共治帝に任じられます。そして、翌年ミカエル帝が聖ママスの宮殿で寝台に横たわっていた際に暗殺を実行し、とうとう皇帝へと上りつめ、マケドニア朝を開きました。王朝名は彼がテマ（軍管区）・マケドニアの出身だったことに由来します。

バシレイオス一世は、都市改造や法律の整備などにも精力的に取り組み、ビザンツ帝国の失地を回復すべく軍事的にも様々な功績を残しました。彼は、コンスタンス二世（在位六四一〜六六八）以来、西方の領土を回復するため、イタリア王カロリング朝のルドウィクス二世（八七五〜八八五）と協力して、イスラーム勢力の駆逐に努めて、八七九年ナポリ沖海戦でイスラーム艦隊を撃破するなど、南イタリアの再征服を果たしました。また、イスラーム勢力との共有地になっていたキプロス島を七年間支配下に収めることに成功するなど、ビザンツは地中海やアドリア海で強い存在感を示し始めるようになりました。

ローマを受け継ぐビザンツの食材

ビザンツ帝国は領土の拡大と縮小とを繰り返していきました。帝国の最盛期の領土は、アナトリア地域及びコーカサス地域の一部、バルカン半島（ベオグラードから東側、そしてドナウ川より南側の地域）、及びクレタ島を含んだエーゲ海諸島です。その後、バシレイオス一世が皇帝となった八六七年、帝国の領土はアナトリア地域、バルカン半島南部（トラキア、マケドニア、ストリュモン、テッサロニカ、ヘラス、ペロポンネソス）エーゲ海諸島、イタリア半島南部の一部、アドリア海諸島の一部に落ち着きます。エジプトやシリアは七世紀にイスラーム勢力に奪われていました。

中世初期のビザンツ帝国の農業のやり方は、紀元後一世紀のローマ帝国のやり方とほぼ同じだったそうです。おもな作物としては、小麦、大麦、キビなどの穀物や豆類などが挙げられます。エジプト、イリュリクム（現スロベニア、クロアチア付近）では、小麦を使ってビールを醸造していました。

ぶどうの木やオリーブは、気候さえ合っていればどこでも育てることができました。地中海地方は言うに及ばず、トラキア（バルカン半島南部）、テッサリア（ギリシア中部）、テッサロニカ（テッサロニキ）、アナトリアのビテュニア（アナトリア北西部）、アナトリア西岸の渓谷、アナトリア地方の黒海南岸の東部側のポントス、そして北部ガリア地方などで栽培されています。ちょうどオリーブ栽培の北限がビザンツ帝国とブルガリア帝国の境でした。ワインは、ビールを醸造していたエジプトを除き、地中海地域のあらゆる階級の主要な飲物でした。

ビザンツ帝国領土内では、その他にザクロ、イチジク、ヘーゼルナッツ、野菜類、豆類も収獲でき、豚の飼育、牧畜、漁業も盛んであり、何より各地で作られたワインが首都コンスタンティノープルに届けられたのでした。

ビザンツのアルコール

ビザンツ帝国の人々が嗜《たしな》んでいたアルコールはワインです。ワインを飲むことはビザンツ帝国の人々にとってとても重要なことでした。ワインの飲み方は、古代ギリシア以来の水などで割るというものでした。ところで、古代ローマでは、ワインが急速に劣化するのを防ぐためワインに添加物を加えて飲むこともありました。アロエ、サフラン、ニワトコの実による染色、水で薄めた果汁の追加、香料や樹脂の追加、海水の追加、コショウとハチミツの混ぜ合わせなど一口に添加物と言ってもその種類は豊富でした。

ビザンツでは、こうした「ローマの遺産」を受け継いで、ワインの保存料として松脂《まつやに》を追加していました。それ以外にもワインのぬるま湯割りやぶどうジュース、バラの花びら、フェンネル、セロリを添加して飲んでいました。今でも松脂ワインは、「レッツィーナ」という名称で、伝統的なギリシアワインとして販売されています。

首都コンスタンティノープルではワイン以外にも、蜂蜜を原料とする醸造酒であるミードが広く飲まれていました。ビザンツ帝国では、古代ギリシアの医学者ヒポクラテスが提唱してきた四つの体液（血液、黄胆汁、黒胆汁、粘液）のバランスが良ければ健康であるという体液病理説（四体液説）の考えに従って、すべての食材は寒・暖・乾・湿の性質を持っていると考えられていました。それによれば、ミードはワインよりも暖と乾の性質を持つと考えられていたようです。

一方、ビールに関しては、ビザンツ帝国からそう遠くない南バルカンやエジプトで大麦と雑穀から作られていました。しかし、ビザンツ人はビールを野蛮な飲み物と捉えていたようで、積極的に飲用していなかったようです。ビールは、パンノニア（現ハンガリーのドナウ川西岸地域）、ゲルマニア（現ドイツ）、ブリタニア（現ブリテン島）等の広範な地域で飲まれていました。

軍のドリンク

ビザンツ帝国の初期、五〜六世紀には兵士は、フスカ（phouska）と呼ばれる水とワインビネガーを混ぜて作られた飲料水を飲んでいました。古代ローマでは旅人が持ち歩く清涼飲料です。水が手に入ったら酢を加えて希釈して飲んでいました。飲み水の品質を保つにはそれが当時、一番理に適っていると考えられていました。

時代が下るにつれて、フスカは酢と水を混ぜ合わせるだけでなく、クミン、フェンネルシード、ペニーロイヤルミント、セロリシード、アニス、タイム、スカモニア、塩などのハーブ類が加えられていったそうです。

ビザンツの肉

バシレイオスの息子でマケドニア王朝第二代皇帝レオン六世は、『総督の書』と呼ばれるコンスタンティノープルの同業組合（西欧のギルドに相当）規定集を編纂《へんさん》します。『総督の書』には、ビザンツ世界の食肉についての記述があります。

当時、帝国では牛・豚・羊・ヤギが家畜として広く飼育されていました。とりわけ豚や羊の肉が肉料理として提供されていたようで、肉類の供給の大部分を占めていたのは豚肉でした。『総督の書』を読むと、肉屋と豚肉屋が章立てで分かれており、それだけ豚肉が特別であることがわかっています。

古代ローマの伝統では、肉と言えば豚肉でした。『アピキウスの料理帖《りょうりちょう》』（第2章　三一ページ、第3章　四七ページ参照）のレシピで豚肉とするところを「肉」と書いてすませているところからもわかります。ビザンツもこれにならっているように思われます。ちなみに豚は豚肉としてだけでなく、ハムとベーコンに加工して冬の食料にしていました。

続いて羊、ヤギは大昔からローマ人が飼育しており、羊はローマ人が食用にした最初の動物でもありました。ビザンツ帝国は、ローマ帝国の肉の概念をそのまま受け継いでいると言ってよいでしょう。牛は、肉牛と乳牛が飼育されていました。もともと牧畜文化だった古代ローマでは専ら乳牛用として飼育され、食肉としての用途は帝政期に入ってからでした。牛肉料理はアピキウスのレシピでも数品のみとなっています。『総督の書』の記述から、ビザンツ帝国では、古代からの食文化やしきたりを数世紀もの間忠実に守っていたことを読み取ることができるでしょう。

中世初期のヨーロッパの料理書

中世ヨーロッパで最初の食に関する論考がアンティムス（四七五頃～五二五頃）の『食べ物に関する省察 De Observatione Ciborum』です。六世紀前半に生きたギリシア人医師アンティムスは、ビザンツ宮廷を追われた後、ラヴェンナのゴート族の王であるテオドリック（在位四七一～五二六）の宮廷に身を寄せ、そこからさらに北へと向かい最終的に、フランク王国へとたどり着き王テウデリク一世（在位五一一～五三三／五三四）にラテン語の論文『食べ物に関する省察』を献上しました。
本書にはアンティムスが確認したビザンツ帝国からフランク王国の食文化に関する情報も含まれています。彼はこの書で魚介類がビザンツ宮廷で一般的に食されていたこと、フランク人の習慣や好みの一例としてベーコンがあると伝えています。

ベーコン
フランク人の喜びの源であるベーコンについては、その食べ方を説明する必要はない。一気に焼いてしまうと、火の中で脂肪が流れ出し、ベーコンはパサパサになってしまい、美味《おい》しく食べられなくなってしまう。また、体液が悪くなり、消化不良を起こすこともある。しかし、ベーコンは茹《ゆ》でて冷やして食べると、腹の締め付けを和らげてくれて消化も良い。しかし、ベーコンはよく茹でなければならない。確かにガモン（ベーコン用の豚のわき腹下部の肉）であれば、もっと煮込まなければならない。皮の部分は消化されないので食べないこと。揚げたベーコンは、十分な害をもたらすので、取らないようにする。ベーコンの脂は、食べ物にかけたり、油を使わない野菜にかけたりしても害はない。これらを炒《いた》めるのは本当によくない。

また本書には、ハチミツとビネガーを使う料理や、ワインとガルムを混ぜたソースなどの古代ローマの特徴を持つレシピのみならず、ローマ料理にはない香辛料であるコショウ、ジンジャー、クローブが肉料理に使われたレシピとが記されていて、古代から受け継いだ料理法と新たな料理法が加わった非常に興味深い内容となっています。

ガルムの理解度

一〇世紀に活躍したクレモナ司教リウトプランド（九二〇頃～九七三）が著した『コンスタンティノープル使節記』には、皇帝と食を共にした際に、具体的にどんな料理を味わっているのかわかる記述があります。例えば、「油で濡《ぬ》らし、魚から作られた何か最低の液体を撒《ま》き散らされた食事」です。この記述から、オリーブオイルと魚醤《ぎょしょう》をかけた料理だと認識することができます。つまり、一〇世紀後半のビザンツ帝国でも、古代からの特徴ある味をしっかり継承していたことが伝わってきます。ただしリウトプランドのこの表現はビザンツ帝国に使者として赴き、冷遇された折の言葉ですから、割り引いて聞いた方がいいかもしれません。また、先に登場したアンティムスの『食べ物に関する省察』にも豚肉料理のレシピにガルムの一種であるリクアメン（第3章　四八ページ参照）を使用した記述があります。

四体液説の体液病理説に基づいて、キリスト教の修道院ではガルムを禁止しました。これによって、クレモナ司教の立場にあったリウトプランドの舌には、ガルムが普段味わうことのない異質な液体だと感じられたとも考えられます。

とはいえ、八〜九世紀のコマッキオやジェノヴァの修道院ではガルムの記録が見られます。コマッキオやジェノヴァは港町です。魚醬ですから、海沿いの街にガルムを作るための作業場があったかもしれません。一方、クレモナはイタリア半島の北部、ミラノとヴェネツィアという二大都市に挟まれた都市です。内陸部で、ガルム自体に縁遠い立地だということは否めません。この地理関係のゆえに、リウトプランドにとってはガルムが異国の味つけだと感じられたのかもしれません。

六世紀に編纂され、一〇世紀にマケドニア朝のコンスタンティノス七世（在位九一三〜九二〇）の時に再版された畑や菜園の耕作に関する規則集『ゲオポニカ』にもガルムまたはリクアメンの製造のレシピが記されています。

ガルムの組成

リクアメンと呼ばれるものはこうして作られる：魚の腸を容器に投げ入れ、塩漬けにする。小魚、特にアテリナ、小ボラ、ピカレル、リコストミ、またはあらゆる小魚もすべて同じように塩漬けにする。天日で味付けし、頻繁に裏返し、熱で味付けすると、ガルムが取り出される。

オリーブオイル vs.ラード&バター

ローマ帝国の食文化にとって油とはオリーブオイルを指すものでした。帝国の領域にはオリーブが獲れる地域も多く、油脂はオリーブオイルだけで良かったのです。紀元前の共和政期に、カエサルは辺境の地に駐屯するローマ兵士のため、様々な食材を現地に根付かせ、オリーブも移植していきます。しかし、気候に合わない農作物は現地の環境に適合できず、結果オリーブの栽培ができない地域は、輸入に頼ることになります。輸入オリーブはその分非常に高価となるため、ヨーロッパ北部においてオリーブオイルは、一部貴族だけが許される貴重で贅沢《ぜいたく》な油として扱われがちでした。

オリーブオイルの代わりに急速に広まったのは、バターとラードです。「蛮族」すなわちゲルマン人にとって遊牧と牧畜の文明の象徴とも言われるこれらの油は、古代ローマの時代には、貴族があまり使わない食材で、『アピキウスの料理帖』にもラードの記述はあまり見当たりません。しかし、中世では一変します。

ゲルマン人の一部族だったフランク族がガリアを統一し、ローマの社会を継承・融合する形でフランク王国を建国したのち、森林での牧畜の価値が高まっていくと、自然とラードの利用価値も上がっていきます。

こうして食材の栽培される立地と身分上の違いに応じて、はっきり分かれていたオリーブオイルとラード及びバターは、時代の経過とともに混ざりあい、中世の流通システムに組み込まれていきます。その例としてあげたいのが四旬節です。この時期は大斎節(キリスト教で、復活祭前日までの四六日間から日曜日を除く四〇日間の斎戒期間)として、獣に由来する食材を用いた料理は全て禁止されたため、ラードやバターではなくオリーブオイルを使用することが常態化します。

先に登場したリウトプランドのいたクレモナでは、ラードが一般的でオリーブオイルは大斎節に限って用いられていたのでしょう。ましてや「魚から作られた何か最低の液体」と混ざり合うオイルなんて、クレモナ司教の理解の範疇《はんちゅう》を超えたものだったことでしょう。

ローマを受け継ぐ食材、中世から入ってきた食材

ローマ帝国の東半分の生き残りであるビザンツ帝国では、古代から続いたローマ帝国の料理のエッセンスが供されていました。古代の料理書『アピキウスの料理帖』に登場するオリーブオイルとガルムを振りかけたソースが見事なまでに受け継がれていたのです。

西ヨーロッパではローマの文化を継承しつつも、フランク王国の勃興と共にゲルマン的な食文化へと傾斜していきます。ローマ帝国の貴族があまり用いなかったラードやバターがふんだんに使用されるようになります。

また、中世に登場する香辛料がジンジャーやクローブでした。これらは中世初期の料理書アンティムスの『食べ物に関する省察』にも書かれ、ローマを受け継ぐ味つけと中世以降に使われていく味つけに大別できます。

バシレイオス亡き後、砂糖も薬用としてコンスタンティノープルに入り、古代から伝統に新たな食材が追加されていき、中世のローマ帝国の食の伝統も時代を経るにつれ、刷新されていくこととなりました。

7 チンギス・ハン「赤い食べ物」「白い食べ物」

アルタン、クチャル、サチャ・ベキは共に相議して、テムヂンに言うのに

汝を罕《カン》となさむ。テムヂンが罕《カン》たらば、我等は
あまた《オロン》の敵に先駆けし、みめ《オンゲ》優れたる乙女《オキン》・貴婦人《カトウン》を宮居《オルド》・家包《ゲル》を
異族《カリ》の人衆の 頬《カチャル》 美わしき貴婦人《カトウン》・乙女を尻《カルガム》ぶりよき騸馬を
駆けしめ《カタラウルヂュ》連れ来たりて与えん 我等
逃げ《オロア》荒ぶる獣を狩らば先駆け《ウトウラヂュ》て囲み与えん 我等
草原《ケエル》の獣の腹《ケエリ》の↑その 一つたるまで押え与えん
懸崖《グン》の獣の腿《グヤ》の↑その 一つたるまで押え与えん 我等
闘い合う《カドクルドウクイ》日、命令《カラ》を↑汝の 他となさば財人《カリ・シリ》より↑われらの 貴婦人《カトウン》・乙女より
↑われらの 離れしめ《カガチャウルヂュ》
黒き《カラ》頭を↑われらの 地面《ガヂャル》・土地《コソル》に棄てされ
平和《ヘンケ》なる日、和《エイエ》を↑汝の 乱さば《ラブデエスエレス》男ども・財物より妻子《エメ》より↑われらの 分かれ

しめ
主《エヂエ》なき地に棄てされ
これほどの言葉を議し終わって、このように誓約して、テムヂンを「チンギス合罕《カハン》」と名づけて罕《カン》となした。

（小澤重男訳『元朝秘史（上）』巻三）

一二世紀のモンゴル高原に一人の英雄が生まれました。「蒼《あお》い狼《おおかみ》」を先祖にもつ血筋、名前はテムジン。彼は一二〇六年、モンゴル高原の全モンゴル部族の統一を果たします。そしてこの年、部族氏族の代表者のクリルタイ（大集会）を招集し、正式にハン（君主）に即位し、チンギス・ハン（在位一二〇六～一二二七）になりました。チンギスとは「光の神」を意味します。この即位によってモンゴル帝国が成立しました。

モンゴル高原を平定した帝国は、東方は金《きん》、南方は西夏《せいか》、西方は西遼《せいりょう》と接していました。チンギスはウイグル、西遼、女真を立て続けに征圧し、一二一一年、全軍を率いて金の北方辺境へ侵入します。そして三年もの間、金を攻撃し続けて消耗させた後、金の領土を割譲させます。続いて彼は西遼からさらに西にあるイスラーム系ホラズム帝国の征服に乗り出し、一二一九年から七年に及ぶ親征の末、滅ぼします。この結果、帝国は南ロシアから北インドまでの領土を獲得し、アレクサンドロス大王が統一した帝国のおよそ四倍、古代ローマ帝国の約二倍の領土を持つ大帝国がユーラシア大陸の大地に誕生し、東西の文化融合が促進されることになりました。

チンギス・ハンは、落馬の傷がもとになり一二二七年に亡くなりました。志なかばの彼の遺体は故郷のケンテイ山に運ばれたそうです。

「赤い食べ物」

チンギス・ハンが何を味わっていたか。『元朝秘史』と呼ばれるチンギス・ハンの一代記の中世モンゴルの歴史書に食の描写があります。

二歳羊の肉汁を煮て、朝餉に欠くることあるまじ、宿りに後るまじ。
斑なる羊どもを牧養し囲いを満たさん
薄黄色の羊どもを牧養し囲いを満たさん
大食漢の悪しき人なり　我

羊どもを牧羊し直腸を食らわん　我

また、巻一〇にも食の描写があります。

我等の飲食物を宿衛人が長たりて司るべし。
濃き肉入り食物を宿衛人が長たりて煮たきすべし。
飲食物の乏しくならば、長となれる宿衛人よりこれを尋ねん

「濃き肉入り食物」とは、モンゴル人の好んで食する「羊肉入りスープ」のことです。羊料理は、チンギス・ハンのみならずモンゴル部族にとって欠かすことのできないものだったと言えるでしょう。現代でも、チャンサン・マハ（羊肉の塩煮）という名で羊の肉を塩でゆでた伝統料理として残っています。塩以外の味付けをしない、香辛料を使わない肉料理が特徴です。ネギを加えて味わいます。モンゴルでの肉類の食品は「赤い食べ物」と総称されています。

『元朝秘史』の食描写には、それ以外にも、鹿、山鳥、小魚、山葱《ねぎ》、さくらんぼ、苺《いちご》、馬乳

酒などが登場します。

「白い食べ物」

モンゴルの人々は遊牧民の食を支える乳製品のことを「白い食べ物」と総称しています。羊、ヤギ、牛、馬、ラクダなど多様な家畜の乳を加熱し、加工して乳製品として食しています。『元朝秘史』巻五にも搾乳するシーンが描かれています。

五頭の山羊を仔山羊《こ》にシルグエをつけて乳を搾り、駱駝《らくだ》の血を針をさして出して飲み、窮乏してグセウル湖に来ると、（中略）チンギス合罕が自ら迎えに赴き「飢え痩せ来たれり」と云《い》って王罕のために徴物をとり与えて、圏営の中に入れて養った。

シルグエというのは、仔ヤギに常時乳を吸わせないために鼻につける器具のことです。チンギス・ハンは、五頭のヤギを搾乳していました。また、『元朝秘史』には、乳を発酵してつくる馬乳酒（エスグ）の描写や「大きな蓋つき器に入った乳酪（タラグ）」の描写があります。

馬乳酒もタラグも現代のモンゴルに受け継がれ、飲食されています。タラグこと乳酪は加熱して掬《すく》い上げた脂肪分の高い乳製品を専用の発酵容器で発酵させ、凝固させたものです。モンゴル風ヨーグルトと言えるでしょう。

歴史料理書と羊肉

チンギス・ハンの治世で具体的なレシピが載っている料理書は存在しません。モンゴルの食文化を知る手がかりとしては、一四世紀に編纂《へんさん》された『飲膳正要《いんぜんせいよう》』という中国唯一の、西域（中央アジア）やモンゴル系の料理を扱った食養生書があります。元朝末期の皇帝文宗に飲膳太医として仕えていた忽思慧《こつしけい》がまとめました。飲膳太医とは宮中の飲食事を司る官職です。

この書は栄養療法の観点から料理を取り上げているのに加え、当時の西夏、敦煌《とんこう》、ウイグル、ペルシア、アラビア、トルコなどの料理や食材が収録されていて、料理名はモンゴル語、トルコ語、ペルシア語、アラビア語の発音を漢字で表しているのが大きな特徴です。モンゴル人が征服した、または影響を受けた地域の料理をこれでもかと盛り込んでおり、モンゴルの世界征服を食で体現した書物だと言ってよさそうです。

また食養生書という方針から推測できるように、収録されている料理には色々な香辛料が使われていました。モンゴル高原では、塩でゆでて味わうのが基本ですので、モンゴル外の影響が盛り込まれていることがわかります。巻一の「聚珍異饌（珍味な料理の意）」の項には九五種の料理が収録されていて、そのうちの七五種が羊を使った料理です。羊の脚肉をぶつ切りし、煮込んでスープを作るというもので、羊の肉汁がいかに滋養に富んでいたかがうかがい知れます。煮る以外にも、焼いたり炙《あぶ》ったりして、遠征時にも肉を味わっていました。

パクス・モンゴリカ

一二三六年、チンギス・ハンの孫でジョチ・ウルス（キプチャク・ハン国）の実質的な創設者バトゥ（在位一二二五〜一二五六）率いるモンゴル軍がロシア中南部の各都市を蹂躙《じゅうりん》し、四年後にはキエフを征服して三五〇年以上続いたキエフ・ルーシを町ごと滅亡させました。ロシアの各領主はウルス（モンゴル語で「国家」「人々」を意味し、政治的に結集した遊牧部族のこと）から自治を許された代わりに貢納をすることになりました。

マルコ・ポーロ（第8章参照）の『東方見聞録』にもバトゥは登場し、「賢明なる王（サイン・カン）」という表記がされました。バトゥはロシアおよび南部キプチャク草原、カスピ海西北岸からカフカス地方、カフカス・ダゲスタン地方、ハンガリー地方、チェルケス地方（黒海沿岸から内陸部にかけてのカフカス山脈北西部）、そしてクリミア半島およびカスピ海北岸からカフカス、黒海沿いという非常に広大な地域を全て征服したのです。一方、一二五六年、チンギス・ハンの孫でイル・ハン国（フラグ・ウルス）の創始者フラグ（在位一二六〇～一二六五）がイランに進軍し、全土を制圧後バグダードへ迫りました。結果、バグダードを文字通り破壊し、カリフを殺害しました。こうして七五〇年に成立したアッバース朝（第5章参照）は一二五八年に滅亡しました。また、フラグはこの地に留まり、一二六〇年イル・ハン国を建てました。後に、モンゴルの支配下でペルシア語によるイスラーム文明が花開くこととなりました。

ところで、このモンゴル系国家のジョチ・ウルスがロシアを支配した時代を「パクス・モンゴリカ（モンゴルの平和）」と呼ぶことがあります。「パクス・ロマーナ（ローマの平和）」の派生語であるこの言葉は、一三世紀にモンゴル帝国がユーラシアを支配したことによって政治的安定がもたらされた時代のことを指しています。「パクス・モンゴリカ」の時代は、ヨーロッパの旅人たち（第8章参照）にとって貴重かつわずかな時間でした。

一方、それまでビザンツ帝国の影響を受けて栄えていたロシアの文化は、これにより大きな打撃を受けました。モンゴル軍に抵抗した都市は住民全員の処刑が当たり前で、当時の記録にはその徹底的な破壊が伝えられています。キプチャク・ハン国などはモンゴル系国家による支配を、ロシアでは否定的な意味を込めて「タタールのくびき」と呼んでいます。それはおよそ一二四〇年代から一四八〇年頃まで二〇〇年以上にも及びました。

パクス・モンゴリカ発ダンプリング――ボーズ、包子、ペリメニ

ところで、現代のモンゴル料理に、小麦粉の皮でひき肉の餡《あん》を包み蒸したボーズという名称のダンプリング――具の有無を問わず生地を丸めた団子状のものをゆでたりあげたりしたもの――があります。また、ボーズと同様に小麦粉の皮で肉を中心とした素材を包み込む料理は、多様なバリエーションを見せながらユーラシア大陸に広く分布しています。これは、パクス・モンゴリカがもたらした料理と言っていいかもしれません。ボーズはその語源から、中国の包子《パオズ》という小麦粉の生地で具を包んで蒸して作るダンプリング料理に由来すると思われます。しかし、包子の具が豚や牛の挽き肉を使うのに対し、ボーズはモンゴルの命とも言うべき羊肉を使うのが特徴で、その土地で使い勝手のいい食材を使って料理が形成されました。

続いて、ロシアの水餃子《すいぎょうざ》とも言うべきペリメニを取り上げます。ペリメニの起源は、はっきりとはわかっていません。歴史家が唱える説の一つに、一〇世紀から一三世紀にかけてモンゴル族が中国の領土を征服した際に、中身の詰まったダンプリングの作り方が中国からロシアに伝わったというものがあります。つまり、チンギス・ハンが東西に領土を拡大していくなかで、中国の餃子《ジャオズ》や包子がヨーロッパまで到達し、さらにバトゥのロシア支配によりシベリアや東ヨーロッパの大部分でも作られ始めたというものです。この仮説を補強する材料として、シベリアではペリメニの中身の味付けに黒コショウを使う伝統があります。黒コショウは、一三世紀から一四世紀にかけてモンゴル人によってシベリアに持ち込まれた香辛料でした。

また、ペリメニという単語からその起源が辿《たど》れるという説もあります。フィン・ウゴル語派のコミ族（ウラル山脈の西部、東ヨーロッパ平原の北東部の部族）やマンシ族（シベリア北西部の少数民族）の言葉に、「ペリニャニ　pel'nyan'」があります。その意味は、ペリ（pel'）が耳（ear）をニャニ（nan'）がパン（bread）で、「耳の形をしたパン」です。特にペリニャニのニャニはパンの意味以外に、小麦粉から作られたものという意味も持ちます。つまり、モンゴル人が到達する以前からウラル山脈の西側に住んでいたコミ族やマンシ族が作っていたものにモンゴル人が持ち込んだ黒コショウが加わって西側へと広がったという説です。

それ以外に一三世紀から一四世紀にかけて中央アジアからシベリアやヨーロッパ・ロシアの東部に広まったとする説もあります。様々な説があるものの、パクス・モンゴリカがきっかけで一気にヨーロッパの世界にダンプリングがもたらされたと言えるでしょう。

そんなユーラシア大陸に広く分布するダンプリングの歴史的なレシピがあります。

倉饅頭

羊肉、羊の脂肪、葱、生姜《しょうが》、陳皮《ちんぴ》、それぞれみじん切りにする。上記の材料に調味料、食塩、醤を均一にまぜて、餡を作る。〔この餡で蒸し饅頭《まんじゅう》を作る。〕

（忽思慧、金世琳訳『飲膳正要』）

先に紹介した『飲膳正要』からのレシピです。この餡を包んで蒸し饅頭にした肉饅頭です。面白いことに現代の中国の饅頭《マントウ》は、「餡や具の無い蒸しパン」を指します。一方、『飲膳正要』が刊行された一四世紀では、饅頭という言葉が、パン（ダンプリング）の中身の有無にかかわらず使用されたことが引用したレシピからわかるでしょう。

続いて、「ペリニャニ」を歴史料理書から確認します。一〇〜一五世紀における中世シベリアにはそれに関するレシピがありません。そこで、一六世紀ごろのペリメニのレシピをひもときながらまとめていくことにします。

幾つかの資料によると、軟質小麦にバターミルクやホエー（乳清）を混ぜて、卵を加えて生地を作ります。ウラル地方ではウズラの卵を、それより南の草原ではウズラやノスリの卵を使っていたようです。通常は強力粉と水を使いますが、軟質小麦という記述から中力粉、もしくは薄力粉、牛乳とバター、そして熱した牛乳にビネガーを加えて分離してできる液体ホエーを加えて生地を作るのが良さそうです。

続いて、詰め物です。シベリアのペリメニでは、具材は甘くなく塩味がちな特徴があります。伝統的なペリメニには、二〜三種類の肉を組み合わせた生肉のミンチを、タマネギ、塩、黒コショウで味付けしたものを詰めます。肉には牛肉と豚肉に加え、ラム肉、マトン肉、鶏肉、馬肉、トナカイ、野生動物などが使われます。

一四世紀の肉饅頭や現代のボーズは、具にミンチ状にした羊肉を使いますが、ペリメニでは様々な肉が使われているのも特徴です。タタールがもたらしたユーラシアのダンプリングは、その土地の食材と結びつき、様々なダンプリングとして花開いたと言えるかもしれません。

8　マルコ・ポーロ　大旅行家が観察した食事情

一七四　チパング島

チパング島〈日本国〉は、東のかた、大陸から千五百マイルの大洋中にある、とても大きな島である。住民は皮膚の色が白く礼節の正しい優雅な偶像教徒であって、独立国をなし、自己の国王をいただいている。この国ではいたる所に黄金が見つかるものだから、国人は誰でも莫大《ばくだい》な黄金を所有している。（中略）

またこの国には多量の真珠が産する。ばら色をした円い大型の、とても美しい真珠である。ばら色真珠の価格は、白色真珠に勝るとも劣らない。（中略）ほんとうに富める島国であって、その富の真相はとても筆舌には尽くせない。

ところで無尽蔵なこの島国の富を伝え聞いたクビライ現カーンは、武力をもってこれを征服せんものと決意し、二人の重臣に歩騎の大軍と大艦隊を授けてこの島国に向かわしめたのである。

（マルコ・ポーロ、愛宕松男訳『東方見聞録』（2）第6章）

一三世紀における東方への道のり

モンゴル帝国がユーラシアを支配したことにより、一三世紀後半の五〇年間は政治的安定がもたらされました。この時代こそが、ヨーロッパから東方世界への旅行には絶好の機会でした。そんな時代に現れたのが後に『東方見聞録』を著したマルコ・ポーロ（一二五四〜一三二四）です。一二六〇年、ヴェネツィア商人であるマルコの父ニコロ・ポーロとその弟マテオ・ポーロの兄弟が第一次東方旅行へ向かいました。ヴェネツィアから船でコンスタンティノープル（現イスタンブル）へ渡り、その後陸路でクリミア半島南岸の港町ソルダイア（スダク）に向かい、東方へと進んでいきました。最終的にモンゴル帝国第五代カアンで元朝初代カアンのフビライ（在位一二六〇〜一二九四）のいるカンバリク（元朝の冬の都・大都／現在の北京）に到達し、一二六九年にヴェネツィアに帰還しました。

一二七一年、ポーロ兄弟はマルコを伴って、二度目の東方旅行を決行します。この第二次東方旅行では、ヴェネツィアから海路でまず地中海東岸のアクレ（アッカ）に入りました。そこでフビライの書簡を受け取ると、一行は北上し、小アジアのライアス（アヤス）を経由して陸路で東方へと向かいます。その後、一二七四年にマルコ一行はケーメンフ（開平府、元朝の夏の都・上都）でフビライに謁見し、歓待を受けました。

マルコ・ポーロはモンゴル語、ペルシア語、トルコ語、ウイグル語の四つの言語を学び、それぞれ読み書きできるほど習得しました。その聡明《そうめい》な様子を見たフビライは、すぐにマルコを気に入りました。結果、マルコは「陛下のしもべ」として宮廷に仕えることとなりました。フビライはマルコを大都から半年の旅程にある土地に派遣します。マルコもその使命を果たそうと、フビライが気にいりそうな珍しい品物を献上し、目新しい各地の話題を報告しました。マルコが視察先からもたらす毎回の報告は、計り知れない富を持つ大都市や異教の奇妙な風習を鮮明に伝えるもので、フビライを満足させるものでした。

こうして、フビライの臣下となったマルコ・ポーロはフビライの臣下として、約一七年もの間宮廷に仕えました。「王国と領土全てにたえず派遣」されたマルコ・ポーロがフビライに帰国を願い、ついに許しを得たのは一二九〇年、ヴェネツィアに帰り着いたのは一二九五年のことです。ところがその後、東西の往来に制限がかかる出来事が起こりました。小アジアにおけるオスマン帝国の台頭です（第11章　一五七ページ参照）。

一三世紀末（一二九九年）、トルコ人の遊牧部族長オスマン一世（在位一二九九〜一三二六）がアナトリア西北部に建国したオスマン帝国はイスラム教の国で、アナトリア全域を制圧したのちバルカン半島にまで進出するなど、キリスト教国であるビザンツ帝国の領土をじわじわと侵食していきました。こうしてマルコ・ポーロがたどったようなルート――ヴェネツィアからコンスタンティノープルなどのビザンツ帝国領経由で黒海・カスピ海沿岸を抜け、中央アジアを横断する――で東方に旅することは困難となりました。

異邦人に寛容で国際色豊かなモンゴル帝国も、一四世紀以降は分立した三ハン国（ジョチ・ウルス＝キプチャク・ハン国、イル・ハン国、チャガタイ・ハン国）がイスラーム色を強めていき、東方に商機を求める商人が好奇心の赴くままに旅行をすることは限りなく不可能に近いものとなりました。

フビライとの宴

マルコ・ポーロは、『東方見聞録』の中でフビライの功績やその偉大さ、王宮について、またフビライの誕生日に行われる大祭と宮中での饗宴《きょうえん》についても記していますが、残念ながら具体的な料理名は挙がっていません。そこで、フビライの宴からおよそ五〇年後に忽思慧《こつしけい》がまとめた『飲膳正要《いんぜんせいよう》』（第7章　九七ページ参照）という食養生書をひもといてみましょう。

中国の歴史の中で伝統的かつ主要な料理に「麵《ミエン》」があります。「小麦粉」という意味を有する麺の歴史は古く、紀元七世紀頃の唐代には食されていました。北宋《ほくそう》の時代には、仔羊《こひつじ》の肉を添えた北部の麺料理など多種多様な麺が登場しました。

『飲膳正要』には麺料理のレシピが複数収録されています。その中の一品を取り上げてみましょう。

馬乞《マーチ》（手搓麵〔手打ちの麵〕に同じ。小麦粉の代わりに、糯米《もちごめ》の粉或《ある》いは鶏頭の粉でもよろしい）

中を補う。気に益す。

小麦粉六斤を捏《こ》ねて馬乞を作る。羊の脚肉二本分を煮てせん切りにする。

上記の材料を上等なスープに入れて煮立たせ、炒《いた》めた葱《ねぎ》、酢、食塩で調味する。

（忽思慧『飲膳正要』）

馬乞とは、モンゴル語で「手でかき混ぜる」という意味を持つ言葉です。ここでは、手搓麵（手打ちの麵）を表していて、しかもそばやうどんなどの細長い麵の形状ではなく、小さい貝殻に似た形状で猫の耳のような形です。これは、イタリアの耳型パスタのオレッキエッテに非常に似ています。現代中国では、猫耳朶（マオアルドゥオ）という猫の耳の形をした麺があり、もしかしたら馬乞が発展したものかもしれません。羊肉を煮込んだエキスと酢と塩という最低限の調味料で味つけがなされたシンプルなスープは、羊肉の脂が濃厚で、冬に食べると体がポカポカと温まるほどです。

ちなみに、これらの麺をマルコ・ポーロがイタリアに持ち帰って、パスタが生まれたという逸話もあるようですが、マユツバものと言わざるを得ません。というのも、マルコ・ポーロがヴェネツィアに戻る一二九五年以前にパスタはアラビア半島からもたらされていたからです。先ほど取り上げたオレッキエッテも中世ヨーロッパに登場します。イタリア語で耳を表す単語がオレッキオなので、古今東西、形状が料理名を表すのが興味深いです。

ヴェネツィアにおける砂糖の扱い

マルコ・ポーロの出身地であるヴェネツィアは、ヨーロッパとオリエントを繋《つな》ぐ中継貿易の拠点の一つでした。九世紀以降、ヴェネツィアではエジプトや東地中海からかなりの量の砂糖やシロップなどを輸入していました。ヴェネツィアが支配下においていた砂糖生産地としてサトウキビ栽培が盛んだったティルスの地（現在のレバノン南西部、現都市名スール）が挙げられます。そして一二世紀にはヴェネツィアはヨーロッパ各国への砂糖の輸出に重要な役割を果たすようになりました。

ヴェネツィアはビザンツ帝国経済圏での商業特権を与えられ、帝国内での活動を広げていきます。新大陸（アメリカ）発見以前のヨーロッパにおいて、ヴェネツィアはアラビア半島やアフリカ北部からの貴重な食材を押さえ、ヨーロッパの物資の玄関口として機能していきました。

当初、砂糖はイスラーム世界で、甘味料としてだけでなく薬としても使われ、脳の働きを活性化し喉や胸の痛みを取るとされました。そしてヨーロッパでも消化促進の薬として珍重されました。そのため、ヴェネツィアの薬剤師は、薬としての砂糖の処方から、粗糖の精製、シロップやジャムの作り方にまで、長《た》けていました。

このように、ヴェネツィアは歴史的にみても、他の都市よりも砂糖の扱いに長けていて、流通、精製、加工などあらゆる面で圧倒的に優位に立っていました。ヨーロッパで甘みと言えば、古代からハチミツが使われていましたが、砂糖の流通量が多くなってきたヴェネツィアでは、次第にハチミツから砂糖へと甘みの調味料が置き換わっていきます。そして他の都市でも砂糖の使用が増加しました。

一四世紀ヴェネツィア料理

香辛料貿易でも中心的な役割を担ってきたヴェネツィアでは、他に比べ料理に使う香辛料の使い分けを厳密にしていました。例えば、香辛料の粉の配合を軽い料理（魚料理など）、中間の料理、重い料理（肉料理など）の三つに区分しました。

実際、ヴェネツィア商人として東方へと向かったマルコ・ポーロ一行は『東方見聞録』の中で、貴重な食材や香料を記しています。

特に、「胡椒《こしょう》」やクローブ、生姜《しょうが》、ナツメグなどの香辛料は、中世ヨーロッパの宮廷料理で必需品かつ贅沢《ぜいたく》品として愛用されていたので、マルコ・ポーロは抜け目なく各地の香辛料の情報を書き留めています。

さて、マルコ・ポーロが生きていた頃の一二八五年から一三〇九年にかけてナポリの宮廷で、イタリア最古の料理書『リベル・デ・コクィーナ Liber de Coquina（料理の書）』が編《へん》纂《さん》されました。そして一四世紀に入ると、この『リベル・デ・コクィーナ』を基にして、トスカーナやヴァチカン、フィレンツェ、そしてヴェネツィアなどで数多くの派生本が登場したのです。ヴェネツィアでは一四世紀に作者不明『リーブロ・ディ・クチーナ Libro di

地名	食材など
バウダ（バグダッド）	ナツメヤシ
カマディ	ナツメヤシ、楽園リンゴ（オレンジあるいはザクロ）
ホルムズ	ナツメヤシ
タイカン（アフガニスタン北東部の町）	アーモンド、ピスタチオ
アルマレ	麝香《じゃこう》
ガンドゥ	丁子《ちょうじ》（クローブ）
ブリン川（金沙江）	肉桂
ザルダンダン（金歯）	アロエの汁
バンガラ（ベンガル）	生姜、バンウコン、砂糖
フニー（福州）	生姜、バンウコン
サルコン（泉州）	胡椒
ジャヴァ	黒胡椒、肉豆蔻《にくずく》、バンウコン、畢澄茄《ひっちょうか》、丁子
サンデュール島	蘇芳《すおう》（ロックウッド）
スマトラ島のバスマン王国	サフラン
スマトラ島のサマラ王国	胡椒、ナツメヤシ
スカイラ島（イエメン沖のソコトラ島）	龍涎香《りゅうぜんこう》

『東方見聞録』の中の食料と香料

Cucina（料理の書）』という料理書が編纂されました。

クィンキネッリ――大食漢向けのたっぷりラヴィオリ
クィンキネッリを作るには皮をむいたアーモンドを細かく砕いた後、砂糖を加える。肉食を避ける〝斎〟（受難節や金曜日など）ではない日には肉を加え、アーモンドと一緒に混ぜる。ラヴィオリの要領で作って良質の油で揚げ、揚がったら熱い内に召し上がれ。
（『リーブロ・ディ・クチーナ』）

ラヴィオリは――現在私たちが味わっているものと同様――薄くのばしたパスタの生地に、肉・野菜・チーズなどの具をのせ、別のパスタ生地を重ねて四角に切り分ける詰め物パスタのことです。ヴェネツィアでは、当時クィンキネッリとも呼ばれていました。このレシピからも、〝マルコ・ポーロが中国からパスタを伝えた説〟を容易に否定できるわけです。

ここで注目すべきは、詰め物の具材にアーモンドが使われていることです。アーモンドは、アラブ世界からヨーロッパにもたらされました。特に、挽《ひ》いたアーモンドに砂糖をまぶして、水やローズウォーターでこねた菓子、すなわちマジパンは遠くササン朝ペルシアの頃より好まれていました。砂糖の扱いに長けていたヴェネツィアでは、アーモンドと砂糖を結びつけて、肉断ち日の肉やその他の禁じられた食材に代わる満足いく詰め物としたのです。

中世アラブ世界の料理

マルコ・ポーロ一行は、往路も帰路もホルムズに立ち寄っています。ホルムズはペルシア湾にある港湾都市で、現在もホルムズ海峡として名前が残っています。往路では、「オルムズの船は最悪で危険で、商人その他よく危ない目に合う」と聞いて、海路を避けて陸路で北上しましたが、帰路ではインドを抜けて海路でホルムズにたどり着き、イル・ハン国の宮廷に向かっています。そこでマルコ・ポーロは現地の人々が食しているものを描写しています。

人々は我々の食べ物は口にしない。小麦のパンや肉を食べると病気になるからだ。健康のためにナツメヤシと塩漬け魚、つまり、マグロを食べる。玉葱も食べる。健康に暮らすために、今言ったようなものを摂る。
（マルコ・ポーロ／ルスティケッロ・ダ・ピーサ、高田英樹訳『世界の記』（通称「東方見聞録」）フランク－イタリア語版）

別の版では、次のように記されています。

それで棗椰子《なつめやし》や塩漬けの魚やレモンや葱を食べるのだが、とりわけ葱を健康のための食物として用いる。

（月村辰雄、久保田勝一訳『マルコ・ポーロ　東方見聞録』中世フランス語写本（fr. 2810））

『東方見聞録』が書き写されるにしたがって、単語が少しずつ変容していることがおわかりになるでしょう。

一三世紀前半のアラビア語の料理書で、ムハンマド・ビン・ハサン・アル＝バグダーディー（?～一二三九）が編纂し、その後何世紀にもわたって中世アラブ世界で流行した『キターブ・アッ＝タビーハ Kitāb al-Ṭabīkh（料理の書）』には、塩漬け魚のレシピが載っています。

マリ・マクル・サージジ　塩漬け魚をゴマ油で炒めて、細かく砕いたコリアンダー、シナモン、クルミのスパイスを振りかける。

非常にシンプルなレシピで、ゴマ油で塩漬け魚を揚げるだけです。この揚げた魚に香辛料をふりかけて味わう料理は、アッバース朝が栄えた首都バグダードから近隣都市にかけて流行し、エジプトや地中海の港湾都市の料理書にこれに近いレシピが載っています。

中世のインド料理

一二九〇年、マルコ・ポーロ一行はフビライから帰国の許しを得て、中国を発《た》ちます。帰路は、中央アジアで戦乱が起こり危険だったため、海路でヴェネツィアへと向かいました。スマトラ島を経由して、インドにも立ち寄っています。当時の人が何を食していたのかマルコは端的に記しています。

ムトフィリは、マアバルを発って北へ千マイルほど行くとある王国である。（中略）米と肉と乳で生きる。この国にはダイアモンドが見つかる。どのようにかお話ししよう。

（マルコ・ポーロ／ルスティケッロ・ダ・ピーサ、高田英樹訳『世界の記』（通称「東方見聞

録」）フランク―イタリア語版）

マルコ・ポーロがムトフィリと呼んでいるのは、南インドにあったテリンガーナ王国のことで、ムトフィリ自体は都市名です。ダイアモンドが採取される国としてよく知られていました。

そんな中世の南インドのレシピを記した文献資料が残っています。その一つが一一二九年頃に成立した百科全書の『心の喜び　マーナソーッラーサ』です。宮廷で実際に食された料理等をまとめた宮廷百科全書なので、市井の人々がそれらを食したわけではないことを念頭に入れる必要がありますが、それでもトウガラシが入ってくる前の南インドで料理にどのような味つけがなされていたのかが理解できる貴重な書物です。

ムトフィリの人々は、米と乳を食していました。それに近しいレシピを『心の喜び』から見つけることができます。

ウィヤンジャナは、『心の喜び』の中で、米のとぎ汁に、タマリンド、バターミルク、クリスタルシュガー、カルダモンの粉末、ショウガの汁を混ぜた特別な準備の意味で使われています。また、アサフォエティダは燻蒸《くんじょう》した後に使用されました。
（オム・プラカシュ『古代インドの食べ物と飲み物』）

ウィヤンジャナ（Vyañjana）は現代では、パーリ語、サンスクリット語、プラクリット語で煮込み料理の総称で、転じてカレーを指す語になりますが、食の文脈で使われる大もとの意味は調味料でした。『心の喜び』で、トウガラシを使わない香辛料の調合について記されているのはとても貴重です。ちなみに、タマリンドとは、マメ科の植物で果実部分を食用とします。甘みと酸味が味わえるペーストの調味料です。

また、別の文献では、「粒の揃《そろ》った香りのよい熱い米が好んで食べられた」、「水牛の乳で炊いたご飯も人気があった」とあります。古代の穀物にはウリヒ（Vrihi）という語も記されていて、古代サンスクリット語で稲（米）を表す言葉です。これらの文献から、マルコ・ポーロが見た、当時のインドの人々が日常的に味わっていた米と乳を使った料理を類推できるでしょう。

9　コロンブス　近世の食卓へ

提督はさらに「(中略) 土地はきわめて肥沃であり、にんじんのようで、しかも、栗のような味のするニアメスがたくさんあります。ここには我国のものとはだいぶ違った豆類《ファソン》や、そら豆《ファーバ》もあれば、棉もたくさんあります。棉は種をまくのではなくて、産地の大木になっております。同じ一本の木に殻の開いているのもあれば、開きかけているのもあり、また花の咲いているのもあることから見て、これは一年中採取できるものと考えます。その他にもここに書ききれないほどいくつもの種類の果実がなっておりますが、そのどれも皆有用なものに違いありません。」

(クリストファー・コロンブス、林屋永吉訳『コロンブス航海誌』)

一五世紀は、ヨーロッパの中世が終わり、近世の始まりを迎えた世紀と言えるかもしれません。この時代のヨーロッパの出来事として大きなものは三つあります。第一に、一四五三年のオスマン帝国の攻撃によるビザンツ帝国の滅亡。第二に、一四九二年一月のイベリア半島での複数のキリスト教国家によるレコンキスタ（国土回復運動）の終結、そして第三に、同年八月クリストファー・コロンブス（一四五一〜一五〇六）による新大陸への出発です。

これら三つの事柄は連動しています。一四五三年のビザンツ帝国の滅亡により、オスマン帝国がコンスタンティノープルを拠点にします。その都市は徐々にイスタンブルと呼びならわされることとなりました。オスマン帝国は、領土を東西に拡張させていき、遠征に次ぐ遠征により、アナトリアとバルカン半島の統一を果たしました。「アドリア海の女王」と称えられたヴェネツィアからヨーロッパ各地への輸出、および地中海を経由する交易が、オスマン帝国の西進により困難となってしまったのです。

一方、イベリア半島では一四七九年、レコンキスタを推し進めていたキリスト教国のカスティーリャ王国とアラゴン王国が合同し、スペイン王国が成立します。一四九二年一月二日、スペイン王はグラナダに入城します。これは、イスラーム勢力の最後の拠点グラナダを陥落させたことを意味します。八世紀以来続いたレコンキスタに終止符を打ちました。

レコンキスタ推進により、キリスト教の布教も熱を帯びていき、航海術の発展、中世ヨーロッパの料理に欠かせない香辛料への重要の高まり、そしてオスマン帝国の脅威による東方貿易の不安定さから新たな交易路の開拓の機運などが相まって、コロンブスの第一回目の航海が始まったのです。冒頭の文章では、コロンブスはどうやらサツマイモのようなイモを発見し、つぶさに観察していることがわかります。

中世ヨーロッパの食事は、新大陸からの新たなる食材の到来によりどのように変わっていったでしょうか。コロンブスの人生と共に一五世紀の食卓を見ていきましょう。

第一回航海に至るまで

コロンブスが幼少期を過ごしたジェノヴァは、地中海に面し、海上交易で栄えていました。コロンブスも一四歳ごろから船に乗り始め、羊毛やぶどう酒、チーズなどを港から運んで父の家業を助けていました。彼は好奇心旺盛で、ジェノヴァの商船やカタルーニャの船に乗り込み、地中海の島々やエーゲ海のキオス島まで赴いて船乗りとしての経験値を積んでいきます。一四七七年リスボンに移り住んだコロンブスは、弟のバルトロメーと共に地図の製作や販売をおこない、仕事のかたわらスペイン語とラテン語を学び、それと同時に天文学、地理学、航海技術の新知識を吸収していきました。コロンブスはその頃、マルコ・ポーロ（第8章参照）の著した『東方見聞録』に登場した黄金の国ジパングに心惹《ひ》かれます。そして彼は、

コロンブスの航海			現地の食材・料理他
回	期間	訪問地	
第１回	1492年8月3日 ～1493年3月15日	カナリア諸島、サン・サルバドール島、キューバ島、エスパニョーラ島等	ニアメス、豆類、そら豆、とうもろこし、かぼちゃ、様々なパン、ぼら、鮭、えびなどの魚介類、獣肉　他
第２回	1493年9月25日 ～1496年6月11日	カナリア諸島、ドミニカ島、エスパニョーラ島、ジャマイカ島　等	様々な魚、アヘス、鸚鵡《おうむ》、肉荳蔲《にくずく》、生《しょう》姜《が》の根、アロエの一種　他
第３回	1498年5月30日 ～1500年10月	カナリア諸島、ベルデ岬諸島、トリニダード島、エスパニョーラ島　等	パン、様々な果物、白や赤など果物やマイス〔玉蜀黍《とうもろこし》〕から作ったと思しき酒　他
第４回	1502年5月11日 ～1504年11月7日	カナリア諸島、エスパニョーラ島、グアナハ島、ホンジュラス、パナマ沿岸、キューバ島、ジャマイカ島　等	野猪の一種、カサーベ〔タピオカ〕のパン　他

コロンブスの航海

地理学者トスカネッリの唱える地球球体説を知り、「地球は円《まる》いのだからヨーロッパから西へ向かえば、いずれ東洋に、ジパングにたどり着ける」と考えたのです。

一四八四年、コロンブスは、ポルトガル王ジョアン二世（一四五五～一四九五）に大西洋を西回りしてインディアス（当時はインドから東アジアにかけて広く指す）を目指す事業計画を売り込むも、聞き入れてもらえませんでした。コロンブスは次なる援助先を求め、スペインへ赴き、スペイン王国の女王イサベル（一四五一～一五〇四）と謁見し、本事業を提案します。イサベルはその提案に興味を示しました。その後様々な紆余曲折《うよきょくせつ》を経るものの、一四九二年四月一七日国王夫妻とコロンブスの間で協約書が結ばれ、五月にアンダルシアのパロス港で準備を整え、八月三日に出港しました。

様々な新大陸のパン

コロンブスは一四九二年の第一回航海を皮切りに、一四九三年、一四九八年、そして一五〇二年と四回にわたり新大陸に向けて大西洋を航海しています。様々な食材と料理を航海の船に積んでいったコロンブスはまた、たどり着いた地で数多くの人々の食事を味わっています。その中でも一番多く食べたのがパンです。例えば、一四九九年には次の通り記しています。

彼らは、居留地があるイサベラ市の土地は土壌が悪く、小麦が実らないと言い触らしました。しかし、わたくしは小麦を収穫し、パンを作り、皆で食べました。（中略）また、どうしても小麦のパンでなければならないと言う者はだれもいません。別の種類のパンが豊富にあります。

（クリストファー・コロンブス、青木康征訳『完訳　コロンブス航海誌』「ロルダンの反乱に対する弁明」一四九九年五月？）

「居留地があるイサベラ市」とは、カリブ海のエスパニョーラ島（現イスパニョーラ島）のことで、コロンブスは当地の土壌の素晴らしさを書き残しています。小麦のパンや小麦以外の別の種類のパンを味わっていたことがわかります。別の種類のパンの代表格がカサーベ（casabe）です。

アグアカディィバという村では、インディオやその酋長《カシーケ》と取り決めをして、彼らがカサーべ〔タピオカ〕のパンを作り、また狩りや釣りをして、いろんな食糧を毎日一定量提督に供給し、これを船へ持ってくれば、船の方では誰かがこれを受け取って、こういう時のために持ってきている、碧《あお》いビーズ玉や櫛やナイフ、鈴、釣針などで代償を支払うことにした。

（クリストファー・コロンブス、林屋永吉訳『コロンブス全航海の報告』「ドン・クリストーバル・コロンの最後の航海中に起こった出来事について、ディエゴ・メンデスが認めた記録」）

カサーベとはキャッサバイモのことで、こちらの記録からは、ハマイカ島（現ジャマイカ）でキャッサバイモからとれる粉を使ったパンを食べていることがわかります。皮をむき、乾燥させ粉砕した粉のことをキャッサバ粉と言い、キャッサバイモのでんぷんのみを抽出して、粉にしたものがタピオカ粉です。漂白されているのがタピオカ粉で、キャッサバ粉は小麦粉のような色合いです。

新大陸の食材

コロンブスは、冒頭の引用部で「にんじんのようで、しかも、栗のような味のするニアメスがたくさんあります」と記しています。おそらく、さつまいものようなものを見かけたのでしょう。彼らは他にも数多くの現地の食材や食べ物を確認しています。

第二回航海に官吏として参加した、医師で王室典医でもあるディエゴ・アルバレス・チャンカ博士（一四六三?～一五一五）は、エスパニョーラ島を「土壌はとても肥沃で、何をするにも適し」と評価し、スペインの魚よりも美味しい魚がいると記しています。また、ナツメグの木（ニクズク）と思しき木やアロエの一種、肉桂《にっけい》の一種を確認し、現地のインディオが食べているキャッサバのパンや大根のような植物アヘ、そしてそれに味をつけるための香辛料アヒ（チリペッパーのこと）などを観察しています。

チャンカ博士同様、第二回航海に参加したコロンブスと同郷のジェノヴァ人であるミケーレ・デ・クネオ（一四四八～一五〇三）は、エスパニョーラ島で見かけたパイナップルやマメイ、タマゴノキ、セイバノキなどについて詳細に記しています。そして、クネオもアヒについて、先住民たちがコショウのような辛い粒を、りんごを食べるかのように食していると描写しています。

コロンブスは現地で野生のぶどうも確認しています。しかし酒については、ぶどうから作ったものではなく、果物やトウモロコシ（現地ではマイス）から作った酒（現地ではチチャ）

を飲んでいるようだとしたためています。魚の種類の多さにも驚いています。タコ、えび、アザラシ、ボラ、スズキ、カニ、マグロ、タラ、サメなど枚挙に暇《いとま》がありません。

「コロンブス交換」

共和政ローマの政務官であるガイウス・ユリウス・カエサル（前一〇〇〜前四四）は辺境の地に駐屯するローマ兵士のために、様々な食材を現地に根付かせました。ブリタニアに駐屯するローマ兵にはぶどうやクルミ、イチジク、オリーブ、コリアンダーなどを移植させ、その後、気候にあった農作物は現地の環境に適合し、育つようになりました。カエサルによるローマの食文化拡充政策の恩恵は、ローマ兵のみならず同盟関係を結んだ諸国も享受したのです。

第二回航海では、コロンブスもカエサルの政策同様にエスパニョーラ島で病気を患ったスペイン人の健康維持と回復のために、スペインから諸々《もろもろ》の種子を持参してエスパニョーラ島の大地に植えました。小麦や大麦、ぶどう、サトウキビなどです。コロンブスは、小麦やサトウキビが順調に育てば、アンダルシアやセシリア〔シチリア〕で栽培しなくてもよいと夢想します。いわば「実験」です。

どういった植物が育ったのかについては、クネオの報告に詳細に記されています。エスパニョーラ島では、メロン、きゅうり、二十日大根、パセリがよく実り、タマネギ、レタス、サラダ菜の類、ネギなどは土壌に合わなかったのか実りが悪く、形もとても小さいという結果でした。小麦、エンドウマメ、ソラマメは芽が出て伸びた後、しおれて枯れてしまいました。

また、コロンブスは第一回報告で西インド諸島の島々では「羊も、山羊《やぎ》も、その他どんな動物も」見なかったと報告しています。それを受けて、第二回航海で必要度が高い動物を連れてきて繁殖させています。豚、ニワトリ、犬、猫、牛、雌馬、羊、ヤギなどです。豚はこの地に餌がふんだんにあることから、大繁殖しました。

ところで、コロンブスによる新大陸到達により、「コロンブス交換」と呼ばれる現象が起きました。一四九二年の大航海以降、ヨーロッパやアジア（旧大陸）と南北アメリカ（新大陸）との間で食料となる植物（作物）をはじめとする様々な交流があったことを指します。第二回航海での初めての「実験」がコロンブス交換の始まりと言えるでしょう。一五世紀末、新旧大陸の食物は緩やかにしかし確実に混ざり合います。第四回航海に参加したコロンブスの息子エルナンド・コロン（一四八八～一五三九）の報告によると、メロン、きゅうり、野生のぶどう、エジプト豆、サトウキビ、小麦の収穫が見事に行なわれたのでした。

一六世紀以降の人々はこの「コロンブス交換」の恩恵を本格的にかつ大いに受けることになります。詳しくは、次章エルナン・コルテスで紹介します。

船乗りの食卓

コロンブス四度の航海で、切実に心に留めておくべきは船に積んだ食料の在庫とその品質でした。船には小麦、パン、ビスケット、豚脂肉、乾肉、果物、ぶどう酒、オリーブ油、酢などがありました。

第一回航海では、復路での食料が非常に少なくなり苦慮している様子がうかがえます。一四九三年一月二五日の記録には「食料も、パンとぶどう酒とインディアスのアヘスだけ」と記されていて、乗組員たちの釣ったいるかやふかが船上でのご馳走《ちそう》となりました。アヘスはアヘと同義です。大根のような見た目でキャッサバまたはサツマイモとする説があります。

一五世紀のイタリアの料理書

「旧大陸」の側の状況も見ておきましょう。

コロンブスが生きた時代に登場したイタリアの料理書があります。人文主義者でヴァチカン図書館の初代館長のプラーティナ（一四二一〜一四八一）、本名バルトロメオ・サッキが一四七〇年代にラテン語で書いた著作『真の喜びと健康について De honesta voluptate et valetudine』で、イタリアの食文化に影響を与えました。その料理書のレシピは素材の味を生かしたシンプルなもので、中世料理とは決定的に異なっていました。富や権力の象徴として多用されていた香辛料が最小限に控えられていたのです。プラーティナは香辛料を薬の代用品と捉え、薬の効果を期待するなら少量で十分だとしました。これ以降、イタリアを中心に香辛料の使用は抑制方向に向かいます。

さらに、プラーティナは食事の準備や食べ方など、テーブルマナーを啓蒙《けいもう》しました。テーブルクロスとナプキンは白いものを使い、ナイフや食器はよく洗い、清潔感を保つよう説きました。また、胃に優しいものから食べはじめ、時間をかけてよく噛《か》むことなど、消化を助けるためのアドバイスもしています。現代人には当たり前のように聞こえますが、当時の貴族にとっては新鮮に感じるアドバイスだったに違いありません。

この料理書の健康観に強く影響を受けた人物に、コロンブスと同時代人でルネサンスの成熟期を代表する万能の天才レオナルド・ダ・ヴィンチ（一四五二〜一五一九）がいます。派手な饗宴《きょうえん》を続ける君主を見てきたレオナルドにとっては、貴族たちを反面教師にして、節度ある食生活の大切さをプラーティナの著作から感じていたのかもしれません。事実、レオナルドの書斎にあった料理本はプラーティナの『真の喜びと健康について』の一冊だけでした。

一五世紀の料理人

一五世紀のイタリア、そしてスペインに影響を与えた料理人がいました。その名もルペルト（ルベルトとも）・デ・ノラ（生没年不詳、一五、一六世紀）です。ノラはアラゴン王兼ナポリ王となったアルフォンソ五世（在位一四一六～一四五八）とそのナポリの後継者フェルディナンド一世（在位一四五八～一四九四）の給仕長をしていました。それ以外の素性は謎に包まれています。

ノラは一四七七年に『料理の書 Libre del Coch』という名の料理書の原稿を書き上げ、その原稿は『適切に皿を供し包丁を振るうための鉄則および料理の技芸についての書 Libre de doctrina pera ben Seruir: de Tallar: y del Art de Coch』というタイトルに名を変えて一五二〇年にバルセロナで出版されました。本書はカタルーニャ語で書かれていて、その後カタルーニャ語で四回、スペイン語で一〇回出版されました。

この本に登場する料理は、一五、一六世紀の共通の「地中海料理」と言えるでしょう。中世のカタルーニャ料理とイタリア料理の本を見ると、それぞれの料理が互いに影響しあっていることがわかります。ノラのレシピの中には、コロンブスの生まれたジェノヴァ、ヴェネツィア、ロンバルディーア、そしてフランス料理やイスラーム料理の影響を受けているものが見られます。

一六世紀に出版されたレシピには、イスラーム料理の一つムハラビーヤ（第5章　七三ページ参照）の影響を感じさせるマンハル・ブランコが載っています。当時のレシピには、鶏の胸肉、ヤギのミルク、砂糖、米粉、ローズウォーターで煮込むとあり、ミルクと砂糖で肉または魚を煮込むという共通点があります。その後、「白い食べ物」という意味のマンハル・ブランコは、時代を経て、肉を使わなくなり、牛乳、砂糖、コーンスターチなどをゼラチンで固めたデザート料理へと生まれ変わっていくのでした。

一五世紀のスペインの食事情

レコンキスタの終結と、第一回コロンブス航海の年にあたる、一四九二年当時のスペインの食事情は、古代ギリシア・ローマの食の残照やイスラーム支配の影響、ユダヤ教徒の影響、キリスト教のカトリックにおける宗教規範などが混在する場でした。

現代に続くスペインの特徴的な食材であるオリーブオイルとニンニクは、実は古代ギリシア、ローマの時代に入ってきました。地理学者で歴史家のストラボン（前六四頃～後二一頃）は著作『地理誌』の中で、「地中海に隣接するイベリア半島の海岸では、オリーブ、ブドウ、イチジク、その他あらゆる種類の果樹が豊富に栽培されて」いると記しています。

中世の出来事では、七一一年のイスラム教徒侵入が画期でした。イベリア半島はウマイヤ朝の属州としてアル・アンダルスと称されることとなりました。その後、一四九二年キリスト教徒がレコンキスタを完遂するまで、およそ八〇〇年にわたり、イスラム教徒、ユダヤ教徒、キリスト教徒の共存関係がありました。この結果、今でもスペイン南部で使われる食材にはアラビア語起源のものが多数存在します。アロス（米）、クスクス、レモン、スイカ、ジュースなどです。クスクスは粗く挽《ひ》いた穀類を小さく丸めて食べる主食でした。

また、一三世紀にムワッヒド朝のマグリブ・アンダルシア地域で作者不詳の料理書『食卓の快楽と至高の美食のもてなし様々について』が編纂《へんさん》されました。これには、アッバース朝の宮廷料理書とも言うべき一〇世紀後半にバクダードで編纂された『料理と食養生の書』（第5章　七二ページ参照）と同一の料理名も散見されます。

本書に登場するムハラビーヤの由来は、ペルシアの料理人がムハラブという将軍のために美味《おい》しい料理をお届けしたことなのですが、やがてこの話は、将軍が喜び、「ムハラビーヤ！」と叫んだことにちなんだものへと変容しています。肝心のレシピは、羊肉をカシア、ガランガル、塩、刻んだタマネギとともに煮込み、その後別の鍋に羊肉を移し、牛乳と砂糖と溶いた卵で煮込むというものです。

ユダヤ人の食の影響としては、動物の肉を食べるのを戒律で禁じられていたことから生まれた野菜の炒《いた》め煮こみ（ピスト）などが挙げられます。現代でもトマトが鮮やかなピスト・マンチェゴ（ラ・マンチャ風野菜の炒め煮）などに受け継がれています。

肉食を禁じるキリスト教の小斎も、中世のスペインで守られていましたが、カスティーリャなどの内陸部では肉に代えて魚を調達するのが難儀でした。そのため、中世後期では、「肉」を食べてはいないという意味合いで豚の臓物《ぞうもつ》を食べるようになったようです。

また、北アフリカのベルベル人がスペインにシチューやごった煮を伝えました。牛肉、羊肉、鶏肉、ソーセージ、ミートボール、そしてヒヨコマメを加えて煮込んだスープは、その後、スペイン伝統料理のオリャ・ポドリーダ（Olla Podrida）の原型になったと言われています。

ほかにも、スペインには、古代ローマ時代や西ゴート王国時代の食習慣も残っているとみられ、西欧にない異国情緒を感じさせます。

10 エルナン・コルテス 「コロンブス交換」の時代

夜が明けるが早いか、われわれは町中を見て歩きました。町はひじょうに良く計画されており、立派な家々が隣接していました。どの家にも綿がたくさん、すでに織られたものもこれから織られるものもあり、また彼らが使う綺麗な衣服、それに大量の乾燥したトウモロコシ、カカオ、フリホール豆、トウガラシ、塩、かごに入れられた多数の雌《めん》鶏《どり》やキジおよびウズラやひじょうに美味《おい》しい食用犬、その他あらゆる種類の食糧があり、もしそれらを積む船舶がありますといく日分もの食糧を蓄えることができたでしょう。しかし、そうするためにはそれらを背中に担いで二〇レグア［一一一キロメートル］運ばなければならず、われわれはあまりにも弱っていましたので、そこで数日間休みましても、新たな荷物を持たずに船まで戻るのが精いっぱいという状態でした。

（エルナン・コルテス、伊藤昌輝訳『コルテス報告書簡』第五書簡）

レコンキスタの終結とコロンブスによる新大陸の到達は、世界各地の人々に様々な影響をもたらしました。一四八五年にスペイン南西部で生まれ、後にコンキスタドール（征服者）となったエルナン・コルテス（一四八五〜一五四七）もその影響を受けた一人です。両親は二人ともイダルゴと呼ばれる下級貴族層でした。レコンキスタが終結したため、イベリア半島での大規模な戦争の機会は消滅しました。イダルゴが「戦う」ことで社会的地位を上昇させるには、イタリアに渡るかアメリカ大陸の征服に参加するかの選択肢しか残されていませんでした。

コルテスの生まれ故郷のメデジンはイベリア半島南西部、エストレマドゥーラ地方の半乾燥地帯にあり農耕に適さず、主要産業は放牧しかない、決して豊かではない地域にありました。コルテスは、そんな環境と、当時のイダルゴが直面していた閉塞的状況の中で育ちます。一四歳になったコルテスは、サラマンカ大学法学部に入学し、ラテン語と法学の初歩を学んでいきました。こうした背景により、コルテスは高い識字能力を持ち、後年、多様な報告文書をスペイン宮廷に送ることとなりました。

一五〇四年、コルテスはエスパニョーラ島サント・ドミンゴに到達し、次の機会をうかがっていました。一五〇九年コロンブスの息子でサント・ドミンゴ総督となったディエゴ・コロンがキューバ征服を企て、コルテスはその計画に参加し活躍します。キューバ征服が完了すると、現地の牧場、農場、金山の経営に携わりました。

一五一九年、コルテスはメキシコに上陸します。当時、メキシコ中央部にはおよそ二〇万平方キロメートルの領土を支配したアステカ王国がありました。首都テノチティトランは人口二〇万人以上を擁す大都市で、複雑で洗練された社会と文化を築いていました。コルテスはこうしたアステカの実情を書簡に記しています。

コルテスは先住民インディオとの交戦を避けて平和裡《へいわり》に手に入れた黄金を持ち帰るというベラスケス総督の命令を破り、この地を征服し植民地化することに踏み切りました。アステカ王国と反アステカ勢力への二重外交を展開し、戦いのカードと和平のカードを切りながら、アステカ王国内外の都市国家を次々と服属させていきました。そして一五二一年八月テノチティトランを陥落させ、アステカ征服を完遂しました。

一五二三年コルテスはカルロス一世（スペイン王在位一五一六～一五五六、神聖ローマ皇帝カール五世）からヌエバ・エスパーニャ（スペイン帝国の副王領）の総督に任命され、メキシコ統治を進めます。しかしホンジュラス遠征中、総督不在の中、メキシコでは、反コルテス派の密告やアステカ王国君主クアウテモク（在位一五二〇～一五二一）の絞首刑などで混乱が増幅され、コルテスは職務を停止されました。

コルテスはアステカ征服後、二度スペインに戻っています。一度目は一五二八年から一五三〇年の二年間で「オアハカ渓谷の侯爵」に任じられ、総司令官の職にも留まることができました。

しかし、いざメキシコに戻ったコルテスは、そういった肩書が飾りにすぎないことを思いしらされます。実権は全てスペイン王室の高官に奪い取られ、コルテスは植民地政治に関与することができず失意の一〇年を送ることとなります。一五四〇年、スペインに戻ったコルテスは総督への再任を求めて請願するも、認められませんでした。その晩年、統治者の夢を捨てて知識人との交流に時間を費やしたコルテスは、死に場所をメキシコに定めますが、その旅路の途中のセビージャで一五四七年に亡くなりました。

「コロンブス交換」その一――一六世紀の新大陸からの贈り物

一六世紀は中世からの味の継承とともに、新大陸からの「新規参入」が進んだ世紀でした。いわゆる「コロンブス交換」（第9章　一二九ページ参照）により、新大陸から様々な物品がスペインにもたらされました。コルテスもアステカ王国の地で見たトウモロコシ、カカオ、フリホール豆（インゲンマメ）、トウガラシなど多くの食物を報告しています。コルテスの書簡に残された新大陸の食物は一五六〇年頃までにヨーロッパに入ってきました。詳細を確認していきます。

第一にトウモロコシ。コルテスが一番多く書簡に記した食物です。コロンブスの航海ののちヨーロッパに入り、その名前が知れ渡ったこの食物は、カリブ海から持ち込まれ一五三〇年代にはアンダルシアで栽培が始まりました。

第二にカカオ。メソアメリカ原産のカカオは莢《さや》の果肉に包まれた種子が発酵と乾燥の過程を経て「カカオ・ニブ」となり、それを焙煎《ばいせん》してすり潰せばチョコレート原液となります。コルテスは現地でカカオを飲み物の一種と認識し、書簡の中でカルロス一世に紹介しています。

第三にインゲンマメ。現地では、フリホール豆（フリホレス）という名前で知られ、コロンブスをはじめ、フェルディナンド・マゼラン（一四八〇～一五二一）なども、旅行記や書簡に現地で見かけたインゲン豆を記しています。

最後にトウガラシ。現地でコルテスが六回ほど確認している辛みの食材は、一六世紀後半にスペインの庭園や菜園で栽培されるようになりました。

それ以外にサツマイモもカルロス一世の治世にスペインに紹介され、パタータと名づけられました。トマトについては、フランシスコ修道会の宣教師でかつ六〇年以上メキシコで布教活動を行なったベルナルディーノ・デ・サアグン（一四九九?〜一五九〇）が現地メキシコで様々な色やサイズのものを目撃していますが、いつ頃スペインに入ったかは記録がないためわかっていません。持ち帰った食物を土に植えて最初は鑑賞用として育てていました。食材としてのトマトの記述が本などに登場するのは一七世紀になってからのことです。

アステカの食事情

一六世紀のアステカ王国の食はどういったものだったのか。コルテスの書簡では、アステカ王国の首都テノチティトラン（書簡での記載はテミスティタン）の広場に立つ市での食料品や食材についての記述がありますので引用します。

鶏・しゃこ・うずら・野鴨《のがも》・蜂雀《はちすずめ》・小鴨・白子鳩《しらこばと》・米食鳥《こめくいどり》・いんこ・ふくろう・鷲・鷹・このり・長元坊など、国中にあるあらゆる種類の鳥を売っている猟の獲物通りもあります。（中略）兎《うさぎ》・鹿、それに去勢され食用に供するために育てられた子犬も売っています。国中のあらゆる薬用の根や薬草が手に入る薬種屋通りもあります。（中略）あらゆる種類の野菜がありますが、とりわけ玉ねぎ・ねぎ・にんにく・胡椒草《こしょう》・クレソン・るりぢしゃ・すいば・あざみ・菊芋があります。果物もさまざまな種類があり、なかでもさくらんぼと梅はスペインのものに似ています。蜂蜜や蜜ろう、それに砂糖きびと同じようにとても甘いとうもろこしの蜜も売っています。他の島々〔カリブ海の大小アンティール諸島〕でマゲイと呼ばれている植物からとった蜜も売っており、シロップよりはるかに味が優れています。この植物からは砂糖や酒もつくられ、同じように売られています。（中略）とうもろこしも、粒のままのものとパンにしたものを大量に売っていますが、粒の外観も味も、他の島々やティエラ・フィルメ〔パナマ地峡にかけての地方〕のいずれのものよりすぐれています。鳥の団子や魚のパイも売っています。魚は、新鮮なもの、塩漬けにしたもの、生魚・煮魚などたくさん売っています。鶏《ガリーナ》やがちょうの卵をはじめ、先に述べましたその他の鳥の卵も大量に売っています。

（エルナン・コルテス、伊藤昌輝訳『コルテス報告書簡』第二書簡）

コルテスは、テノチティトランの印象を、セビリャ（セビーリャ）やコルドバのように大きく、さながらグラナダ市の絹屋街のようだが品揃《しなぞろ》えはこちらの方が豊富である、などと当時のスペインの各都市と比較してそれ以上の凄さであると報告しています。
また、アステカの食描写については、他にも宣教師のサアグンが先住民に聞き取り調査を行なったものを記しています。彼の著した『ヌエバ・エスパーニャ綜覧《そうらん》』から食材を抜き出してみます。

「柔らかい折り畳んだトルティーヤ〔トウモロコシの練り粉を薄く延ばし、焙《あぶ》ったもので、色々なものを包んで食べた〕や蝶《ちょう》の格好をしたトルティーリャ、S字型のトルティーヤ、小さなタマル〔トウモロコシの練り粉に野菜などを混ぜ、トウモロコシの皮に包んで蒸した料理〕、煤ったトウモロコシの実」、「水、トウモロコシ、塩の三つは人々の生活の糧」、「唐辛子《チリ》、色つきのアトーレ〔トウモロコシを原料にした粥《かゆ》状の飲み物〕、〔原料のトウモロコシを石灰水に浸さず〕アク抜きをしていないトルティーヤ」、「二つに割られて芯を抜かれたまだら模様の緑のカボチャ」、「乾いたトウモロコシの粒」（ここまで第一書）、「あらゆる種類のトウモロコシと隠元豆とチア〔清涼効果のあるサルビアの種〕」、「カヤツリグサ、エツァリ〔トウモロコシと豆の粥または煮物〕と呼ばれる煮込み、粥のような彼らが好物にしている料理」（ここまで第二書）、「パン〔主食のトルティーヤを指す〕と水」

（第四書）、「トウモロコシの色々な種類」（第一一書）

「水、トウモロコシ、塩の三つは人々の生活の糧」とある通り、またコルテスが一番多く書簡に記した通り、トウモロコシがアステカの人々にとって欠かせない食材でした。人々はトウモロコシを表すチコメ・コアトルという女神を崇拝していました。アステカの一般的なトウモロコシの食べ方は、練り粉を円盤状に広げて両面を軽く焼いたトルティーヤです。おそらく、コルテスが描写したトウモロコシをパンにしたものこそが、このトルティーヤだったと思われます。

トウモロコシはアステカに代表されるメソアメリカから南米アンデスにもたらされました。その際に、トウモロコシをトルティーヤにして食べる方法は伝わらなかったようで、アンデスではトウモロコシの穀粒をゆでて食べるモテと、粒を炒《い》って食べるカンチャの二通りでトウモロコシを味わっていました。

モクテスマ二世の食事

コルテスはアステカ国王モクテスマ二世（在位一五〇二〜一五二〇、コルテス書簡ではムステマ表記）から歓待を受けて食事を共にしており、君主の食事についても書簡に残しています。但し、具体的な料理名は出てきません。

そこで、コルテスのメキシコ征服に参加したコンキスタドールのベルナル・ディアス・デル・カスティーリョ（一四九六〜一五八四）の著した『メキシコ征服記』をひもといてみましょう。

「鶏、七面鳥、雉《きじ》、この国のしゃこ、鶉《うずら》、人間に飼われている鴨、野鴨、鹿、この国の豚、水辺に棲《す》むいろいろな小鳥、鳩、野兎、家兎、その他、この国で見られる実にさまざまな鳥や動物を使った料理がモンテスーマ〔モクテスマ二世のこと〕のために用意された」

コルテスが見た市で売買されていたほとんどの家畜が使われていることがわかります。なお、コルテスとカスティーリョの記述からアステカ人は身分の上下によらず肉類を食す機会に恵まれていたことがわかります。また、「ヨーロッパの鶏、馬、牛、ろば、羊、山羊《やぎ》」は元々新大陸にはおらず、「コロンブス交換」により持ち込まれたものでした。当時、新大陸にいた動物はリャマ、アルパカ、七面鳥などでした。ちなみに、コルテスやカスティーリョの記した「鶏」は旧大陸の鶏に似た鳥を指し、「この国の豚」については、野猪であっただろうとしています。

七面鳥は北方からメキシコ盆地に入ってきた鳥で、一五世紀には莫大《ばくだい》な数の七面鳥が飼育されていました。アステカの人々はこの鳥をチャルチウトトリン〔宝石をちりばめた七面鳥〕という名の神として崇め、食すときにはトウガラシのソースで調理しています。サアグンの『ヌエバ・エスパーニャ綜覧』の中の絵には、宴会で出された七面鳥とタマルが描かれています。モクテスマ二世も七面鳥をトウガラシのソースで味わったかもしれません。

「コロンブス交換」その二――新大陸へもたらされた食材や料理

コルテスがアステカ王国を征服したことによる、アステカ王国の食文化への影響をみてみます。

コロンブスの第二次航海（一四九三～九六）でも記されている通り、イスパニョーラ島で小麦や大麦、ぶどう、さとうきびの栽培が始まり、メキシコでも一六世紀から栽培が行なわれました。米や豚肉、ラード、タマネギ、ニンニク、コショウ、シナモン、砂糖などの食材もスペイン人と共に新大陸に渡りました。そしてそれらはメキシコの大地で豊かに実り、収穫されたのです。

もともとこの国に自生していた植物とスペインから持ち込まれた植物を合わせ見るに、アジア、アフリカ、ヨーロッパにある植物ならばすべてこの国で充分に栽培可能である。このことからも、ここはまさしくもうひとつの新しい世界と呼べる。

（モトリニーア、小林一宏訳『ヌエバ・エスパーニャ布教史』）

フランシスコ会宣教師のモトリニーア（一四八二〜一五六五）は一五四一年にアステカ征服後の当地での布教活動の報告として、メキシコの土壌と栽培の可能性について記しています。またテノチティトランから八〇キロメートル南に位置するクエルナバーカでまいたナツメヤシが順調に実をつけていることも報告しています。その他、スペインのぶどうは栽培されていないものの、野生のつるぶどうがあり、それを用いてスペイン人が酢やぶどう酒を作ったことや、農園が完成し、そこではさとうきびも順調に生育していることを記しています。コロンブスが前世紀末にイスパニョーラ島で植えたさとうきびは今世紀に入り、急速に成育圏を広げていきました。コロンブス交換は新大陸の土壌の可能性とそれを育てていくという入植者の情熱と執念深さによって進められていったともいえるでしょう。

スペインの料理もメキシコに持ち込まれました。一六世紀のスペインのベストセラー料理書で、ルペルト・デ・ノラ（第9章　一三二ページ参照）が著した『料理の書』には、ギソと呼ばれる肉の煮込み料理があります。炒《いた》めたタマネギやニンニク、シナモン、クミン、クローブ、アニス、ゴマといった香辛料を加えたギソは、新大陸に入るとそこにトウガラシも加えられ、新旧両大陸の食材の融合が起こりつつありました。新食材が加わった新たな料理への変容は少しずつ行なわれ、一九世紀には新旧大陸のマリアージュ料理のレシピがこれぞメキシコ料理として数多く書き残されました。

豚などの家畜が新大陸に入ってきたことで、ソーセージも伝わります。チョリソことイベリア半島発祥の豚肉の腸詰がアステカにもたらされました。細かく刻んだ豚肉に塩を混ぜ、黒コショウとナツメグ、パプリカ、ローズマリーを加えて腸に詰めて干して作るチョリソは、メキシコでパプリカがトウガラシに置き換えられチョリソ・ピカンテとなります。また豚肉で作られていたものが、牛肉や鹿肉を加えて作る場合も出てきました。一六世紀に起こった新旧大陸の食材の出会いは、旧大陸の料理を新たな料理へと変容させていったのです。

11　スレイマン一世　多様な遺産を継承するオスマン帝国

スルタンの中のスルタン、王の中の王、世界の王子たちに冠を与える者、地上における神の影、白海〈地中海のこと〉と黒海、ルメリア〈オスマン帝国統治下の南バルカン地域〉とアナトリア、カラマニア〈アナトリア中南部〉、ルーム〈アナトリアのシヴァス付近〉、ドゥルカディル、ディヤルバクル、クルディスタン、アゼルバイジャン〈メディア〉、アジャム〈ペルシア〉、シャーム〈シリア〉、アレッポ、エジプト、メッカ、メディナ、エルサレム〈クドゥス、聖なるもの〉、アラビア全土、イエメンなど、私の栄光ある父祖がその勝利により征服した多くの地域〈彼らの信仰の顕現を神が光で包んでくださいますように！〉、

また、我が栄光ある陛下が、私の燃える剣と勝利の剣によって服従させた多くの国々と同様にスルタン・バヤジットの子スルタン・セリムの息であるわれスルタン・スレイマン・カンは汝《なんじ》フランス国王フランソワに書をしたためます。

〈スレイマン一世『スルタン、スレイマン大帝からフランス国王フランソワ一世への手紙』〉

オスマン帝国が黄金時代を迎えたころのスルタン（権力者、君主の意。オスマン帝国の最高権力者）の話をしましょう。第一〇代スルタン、スレイマン一世（在位一五二〇～一五六六）です。

冒頭の引用文はスレイマン一世がフランス国王フランソワ一世にしたためた書簡で、時期は一五二六年二月ごろ、パヴィアの戦いに敗れ投獄されたフランソワ一世からの救援要請への返答です。オスマン帝国とフランスとの同盟はそれぞれの利害関係によって長期にわたって結ばれました。オスマン帝国にとっては、中欧に領土を拡大していくのに、現在のドイツ全域からオーストリアを中心に中欧一帯に広がる「ドイツ人の帝国」すなわち神聖ローマ帝国は大きな障壁で、フランスの協力でヨーロッパ進出の機会を得たいと考えます。逆にフランスから見れば、東に広がる神聖ローマ帝国の弱体化は皇帝カール五世に対抗するための絶好の機会となるため、さらに東に位置する新勢力と手を結んだのです。

オスマン帝国黄金期のスルタンの生涯

一四九四年一一月六日にスレイマン一世は黒海南岸のトラブゾンで生まれたとされていま

す。一五二〇年父セリム一世が病死すると、スレイマン一世が後を継ぎ第一〇代スルタンとして即位します。その当時、オスマン帝国は黒海北部とドナウ川以南のほぼ全域からエジプトに至るまでの領土を有していました。スルタンとなったスレイマン一世は、先代の父によってイスタンブルに抑留されていたアッバース朝のカリフの子孫をはじめエジプトの要人や商人を解放します。また、ペルシア人商人と職人が故国に帰ることを許可しました。これにより絹を中心としたイランとの交易が再開します。法制をしっかり整備したので、スレイマンは人々から「立法王《カーヌーニー》」と呼ばれました。

スレイマンは神聖ローマ皇帝カール五世（第10章　一三九ページ参照）を「世界の支配者」という側面からも意識しています。一五三〇年にカール五世がボローニャで皇帝戴冠の儀式を行なったことを知ると、一五三二年のウィーン再遠征において、スレイマンはアレクサンドロス大王（第2章参照）を意識した四重冠を戴き、進軍しました。「世界の支配者」という意味合いも持たせた行動は進軍途上のベオグラードにおいて古代ローマ様式に沿った凱旋門《がいせんもん》が飾られたことからも見て取れます。その後、オスマン帝国と神聖ローマ帝国は、ハンガリーをめぐって何度も戦い、最終的に一五四七年に五年間の和約が締結されます。

スレイマンは西方のみならず東方にも目を向け、一五三四年、サファヴィー朝を討伐すべくイランへと進軍します。そして一五五五年のサファヴィー朝からの和議により、イラクやコーカサス、タブリーズなどを領有しました。

東方と西方に支配地域を拡大したオスマン帝国は、続いて東地中海の覇権の拡大を目指すべく海軍の強化に努めます一五三八年にはプレヴェザの海戦でヴェネツィア、ローマ教皇、スペイン連合艦隊を破り、エーゲ海からアドリア海、そしてアルジェリアに至る地中海域の優位を確立しました。ヴェネツィアは地中海での交易を失わないようオスマン帝国と講和して、一五四〇年に和議を成立させました。

外征が落ち着きを見せると、スレイマンは内政に力を入れていきます。カーヌーン・ナーメ（法令）の整備に力を入れ、スルタンに権力を集中させるための諸制度をスンナ派のイスラーム的観点から問題ないものとすべく体系化を行ないます。つまりスルタンが定める法（カーヌーン）とイスラーム法の関係を明確にしました。こうして、スレイマン一世は軍事、行政、宗教の均衡のとれた法治機構を整備し、全ての権力がスルタンに集まる中央集権体制を作り上げました。

また、スレイマンの治世では、帝都イスタンブルの都市建設が計画的に進められ、多くの建築物が建造されました。モスクなどの宗教施設に始まり、商業施設、水道や橋、宮殿や高官の館などの造営を行なっています。モスクの建設と水路の整備を同時に行ないました。イスタンブルは一六世紀のヨーロッパ世界でも有数の人口を有するようになり、食糧供給もイスタンブルと帝国各国を結ぶ行政ネットワークの中で流通するように図りました。

一五六六年、スレイマン一世に最期の時が訪れます。久々の親征を行なった南ハンガリーのシゲトヴァルでの攻囲中に帰らぬ人となりました。七一歳でした。

一六世紀オスマン帝国の食材

スレイマンは西欧から「壮麗者《マグニフィセント》」、帝国の人々から「立法王」と称されていました。そんなスレイマンの治世において、帝国はいわば黄金期を迎えました。当時の帝国の領土は、中核のアナトリアとバルカンに加え、北はチュニジア、ウクライナ南部、クリミア、南はアラビア半島の一部、アラブ圏の大半（モロッコを除く）、西はハンガリーからアルジェリアにかけて、東はイエメン・イラクに及ぶ広大なもので、地中海世界の周域地域で拡大していきました。

アナトリア高原では主に小麦が、ハンガリー大平原やテッサリア平原では大麦や小麦が穫れました。米は西部アナトリア、キリキア（トルコ南部にある、地中海に面した一地域）、バルカン半島、そしてエジプトで栽培されました。サトウキビはエジプトやキプロスで、ワインはギリシア、トラブゾン、ハンガリーで生産されました。

また、一六世紀後半の寒冷化の時代には、首都イスタンブルの食糧危機に対処すべく勅令を発し、帝国全域に張り巡らせた交通路を活用して供給を図りました。

イスタンブルには、日々の莫大《ばくだい》な消費のために、膨大な商品が各地から輸送されてきたのでした。食材だけに絞っても、バルカンから羊や仔羊《こひつじ》、ドナウ川や黒海地方から小麦、エジプトやキプロスから米、塩、砂糖、ナツメヤシ、東南アジアやインドからコショウ、ナツメグ、シナモン、ジンジャーなどの香辛料、イエメンからコーヒーなど諸国の物産がもたらされました。

魅惑のコーヒーの到来

コーヒーはもともと、東アフリカのエチオピアが原産でした。そこから対岸のイエメンに伝わり、一五世紀前半にはイエメンのスーフィー教団によって、夜遅い祈りの時刻まで起きていられるよう、眠気覚ましとして一五世紀後半ごろからイスラーム世界で飲まれるようになりました。この習慣によって、コーヒーとその知識はアラビア世界に広まり、アラビア半島を北上していきます。コーヒーは、一五世紀末にメッカへ、一六世紀初頭にカイロへと進出していきます。

スレイマン一世の父セリム一世は、当時カイロを首都としていたマムルーク朝の軍を、一五一六年マルジュ・ダービークで打ち破り、翌一五一七年カイロ近郊でも勝利して、マムルーク朝を滅ぼしました。イスタンブル（コンスタンティノープル）に首都に置く国がエジプトを支配したのは、六四一年にビザンツが失って以来の出来事でした（第6章　八一ページ参照）。

そしてスレイマン即位直後にシリアとエジプトで起こった反乱を鎮圧し、エジプト統治を軌道に乗せました。北アフリカからイスタンブルへの交易路が安定すると、遂にコーヒーは一六世紀半ばにイスタンブルへと到達しました。

イスタンブルにコーヒーが伝来し、コーヒーの流通経路が確立され、一五五〇年代にアレッポ出身の二人のアラブ人がカフヴェ（珈琲店《コーヒー》）を開設すると、ついに、堰《せき》を切ったようにコーヒーの波がヨーロッパ世界へ押し寄せるようになりました。

オスマン帝国料理の源流その一――遊牧の遺産

オスマン帝国の起源は、一三世紀後半に小さなトルコ系ムスリムの集団を率いて頭角を現したオスマン一世が、アナトリア半島西部に形成した小君侯国です。トルコ民族の食生活の基本は、遊牧生活における肉と乳製品でした。特に乳製品は、ヤギ、羊、牛からとる乳で、そこからヨーグルトが生まれ、ヨーグルトからバターとチーズも生まれました。

神聖ローマ皇帝フェルディナント一世（在位一五三一～一五六四）の大使として、オスマン帝国に足掛け八年駐在したオジエ・ジスラン・ド・ブスベク（一五二二～一五九二）は人々の食事情についてラテン語で書簡を残しています。

> トルコ人は旅行中に温かい食べ物を食べない。食べる物は以下である：オクスガラ（凝乳）、チーズ、干しプラム（中略）胡桃《くるみ》、マルメロ、イチジク、干しぶどう（後略）
>
> （オジエ・ジスラン・ド・ブスベク『ラテン語報告書簡集』）

旅行中は火を使わないで食事をしたとすると、食材として乳製品である凝乳やチーズが挙げられているのも納得がいきます。ギリシア語由来のオクスガラを直訳すると、「酸っぱい乳」ですので、ヨーグルトを基にした凝乳やチーズを味わっていたということでしょう。ちなみに、一二世紀のビザンツ帝国のコンスタンティノープルの街頭には多くの屋台が立ち並び、壺《つぼ》に入れた乳製品を肩に背負った売り子がオクスガラを買わないかと客引きしている記録があるので、イスタンブルの地は乳製品に溢《あふ》れた土地柄だったともいえるでしょう。

それだけ乳製品、とりわけヨーグルトは生活に密着していたため、イスタンブルには古くから多数のヨーグルト専門製造業者が存在しました。スルタンのためのヨーグルト作りに一〇〇名もの人が関わっていて、民間のヨーグルト製造所が五〇〇ほど、ヨーグルト作り職人が一六〇〇人もいたそうです。

オスマン帝国料理の源流その二――ビザンツ帝国の遺産

オスマン帝国は首都イスタンブルの立地上、帝国が滅ぼしたビザンツ帝国の食文化も受けついでいます。特に地中海世界の海産物は中央アジアからアナトリアに入ったトルコ民族には馴染みがなかったもので、名前もビザンツ由来のギリシア語を起源にしています。

なお、古代ローマから受け継いでいたビザンツ帝国伝統のガルム（魚醤《ぎょしょう》）の味つけは、スレイマン一世の治世では存続していたものの、その後断絶しました。

名称	トルコ語	ギリシア語
かつお	パラムト　palamt	パラミーダ　παλαμίδα
いわし	サルダリェ　sardalye	サルデーラ　σαρδέλα
あじ	イスタブリット istavrit	サヴリーディ σαυρίδι
さば	ウスクムル uskumru	スクンブリ　σκουμπρί
イカ	カラマル　kalamar	カラマーリ　καλαμάρι
タコ	アフタポット ahtapot	オクトープース ὀκτώπους
ロブスター	イスタコス　istakoz	アスタコス　αστακός
ムール貝	ミディエ　midye	ミディ　μύδι

ギリシア語を起源に持つ海産物の名称

その一方、内陸の淡水魚はトルコ語を起源に持つものが多いので、これは遊牧民時代から使われていた名称を受け継いだのでしょう。

海産物以外にも、野菜や豆もギリシア語起源の名称を持ち、ビザンツ帝国から受け継いできていることがうかがえます。例えば、ほうれん草（ウスパナク）、アーティチョーク（エンギナール）、インゲン豆（ファスリエ）、キノコ類（マンタール）などが挙げられます。

オスマン帝国料理の源流その三――アラブやペルシアなどイスラーム文化の遺産

現代のトルコ料理を代表する料理はケバ

ブと言えるでしょう。このアラビア語由来の言葉が示す通り、オスマン帝国の宮廷料理の源流の一つがアラブ及びペルシアのイスラーム食文化にあります。中央アジアから西進南下し、イスラーム文化を受け入れながら、アナトリアの地に入ってきたトルコ系遊牧民のオグズ族はイランを席巻してセルジューク朝を樹立し、経由したアラブやペルシアの食文化を享受し血肉としていきました。その後、アナトリアでルーム・セルジューク朝を樹立すると、この王朝の下でアナトリアでのイスラーム化、トルコ化が進んでいったのです。一三世紀、ルーム・セルジューク朝はイル・ハン国（第7章　九九ページ参照）に臣従し、一四世紀初頭に滅びましたが、モンゴルの支配を嫌ったトルコ人は、アナトリアの西部へと進出していきました。こうしてイスラーム的食文化の伝統が育まれてきました。

事実、オスマン朝のレシピ本で最も古いとされるものは、一五世紀のアゼルバイジャンのシルヴァニ地方出身でムラト二世（一四〇四～一四五一）に仕えた医師ムハンメド・ビン・マフムド・シルヴァニ（一三七五～一四五〇）が著した『料理の書』です。これは、一三世紀前半のアラビア語の料理書で、バグダーディー（?～一二三九）が編纂した『キターブ・アッ＝タビーハ（料理の書）』（第8章　一一六ページ参照）をオスマン語に翻訳したものです。

本書は、何世紀にもわたって中世アラブ世界で流行した料理書ですが、オスマン朝でもしっかりそれが受け継がれているのがわかります。

ケバブは焼き肉として知られていますが、「ケバブ」という語自体が焼き肉、ゆで肉、肉団子の意味を有していて、発展・展開される形で、肉を焼く、蒸す、水を加えずにボウルや鍋の中で調理した肉料理を指す広義の言葉となりました。トルコ料理のムサカも「水を与える」を意味するアラビア語の動詞サカーに由来していますので、各料理の名称をひもとくことで、何語由来かを知る手掛かりにもなっています。

スレイマン治世のスルタンの料理

オスマン帝国で初の料理書は一八世紀後半に登場します。それまでは、宮殿の料理人たちは自分の作る料理のレシピを書きとめてきませんでした。これには、多くの料理人の識字率が低く、一般に使われていたアラビア文字の理解が難しかったという説や、レシピを記録すると自分以外の料理人が作れるようになるため、自分の身を守るためあえて残さなかった説などがあります。

そんな中、先に紹介したシルヴァニがオスマン語に翻訳した『料理の書』には、原作にはない未知の料理がおよそ八〇種も付け加えられたことがわかっています。この付け加えられた料理の多くが、実際に宮廷で作られたことが別の資料からわかっています。それらの約八〇の料理から一六世紀オスマン帝国のスルタンの料理の一端を垣間見ることができます。

歴史家のステファノス・イェラシモスが著した『スルタンの食卓——一五、一六世紀のオスマン宮廷料理』にはシルヴァニの付け加えた料理から四〇品が収録されています。そのうち三〇品が肉料理で、油脂の有無がわかります。油脂なしが五品、油脂ありが二五品で、バターのみが三品、バターと植物油が二品、植物油の使用が二〇品でした。

当時の宮廷での油脂は、バターやサーデヤー（バターを加熱し、水分やタンパク質を取り除いたもの）、そして羊尾の脂の動物性油が多く使用されました。中世のビザンツ帝国において多くの料理に使用されたオリーブオイルは、オスマン宮廷での使用は限定的となっていますが、従来の説より植物油の使用された料理が並んでいたようです。ビザンツ帝国時代の三大栄養源「パン、ワイン、オリーブオイル」という要素を占めていたものが、動物性脂に譲った格好です。

そんなオリーブオイルが中世以来再び使われ始めたのがスレイマン亡き後の一五九三年から始まった新たな対神聖ローマ帝国戦争です。戦争のあおりで羊肉が高騰したので庶民は野菜料理を中心に食しました。脂分を補うため、医薬品や灯明用の利用が多かったオリーブオイルを調理で使い始めたのでした。オリーブオイルの復権が始まったとも言えましょう。

話をシルヴァニの付け加えた料理三〇品の肉料理に戻します。もう一つの特徴に二〇品に甘味料が加えられていたことがあります。甘味料には、ハチミツ、砂糖に加えてぶどうの絞り汁を煮詰めたペクメズが使用されました。油脂を施した「甘い肉料理」がスルタンの料理の特徴の一つと言えるかもしれません。

他にもイェラシモスはオスマン宮廷料理の特徴に、「肉を蜜と炒《いた》める」、「肉をぶどうやプラムの果汁と煮る」、「りんごにひき肉を詰める」、「果物を野菜のように火を通す」、「できあがった肉料理にバラ水をかける」などを挙げています。どことなく、アラブの影響を受けた中世ヨーロッパの貴族の料理に酷似した印象が感じられます。

『祝宴帳』に見るスレイマン一世たちの食卓

一五三九年一一月、スレイマン一世は息子のバヤズィト（一五二五～一五六一）とジハンギル（一五三一～一五五三）の割礼式を執り行ないました。バヤズィトはスレイマン一世とその妃《きさき》ヒュッレムの三番目の子でジハンギルは同様に四番目の子です。

この祝典が記録された『祝宴帳』をひもといてみると、出された食事とその分量、使用された食材が詳細に記録されています。宴では、スルタンは一五のテーブルを用意し、一卓は自分のために、その他は高位高官のために用意され、四二種類の料理が次々と運ばれてきました。

肉、穀類、豆、野菜、果物、香辛料をふんだんに使った数多くのピラフ（トルコ語でピラウ）が記されています。当時は、米のピラフは副食扱いでご馳走《ちそう》でした。細密画の多くでピラウを囲む人々の姿が描かれています。言うなれば、ピラフはハレの日を演出する料理でした。祝宴帳にあるピラフでは、サフラン入りの黄色のピラフや甘味のペクメズで煮込んだ赤いピラフ、ほうれん草の煮込み汁を使った緑のピラフなどがあり、視覚的効果も相まってずいぶんと鮮やかな料理群です。他にも、チキン・ケバブ、ラム・ケバブ、クジャクのケバブ、アヒルのケバブ、ハトのケバブ、ウズラのケバブ、ヒツジのケバブなどのケバブ料理が供されました。

豚肉の禁止とその逸話

イスラームの食に関する禁忌で、一般に知られているのが豚肉を食することの禁止です。現代のトルコ人も戒律的な面と、ゲテモノのような存在に感じられる面から豚を食べない人がほとんどです。

オスマン帝国ではどうだったかというと、先に登場したブスベクが興味深い豚の逸話を記しています。「多くのアジア人が豚目当てに私の家を訪れる。神聖な書物で食べることを禁じられているこの不浄の動物を見たいのだと。一方、トルコ人は皆、疫病にかかった人を避けるように豚との接触を避ける」というものでした。

古代ローマ以来の伝統により、肉と言えば豚肉のことだったビザンツ帝国の食事情（第6章　八四ページ参照）と比較すると、まるで幻だったかのように都から豚食が消えたのでした。

豚が忌まわしい存在だったので食べないとする習慣は、古代メソポタミアの『ハンムラビ法典』（第1章　一五ページ参照）を思い出します。イスラームの戒律以前の古代のアラビア半島のバビロニア人からも豚は不浄で好まれていなかった点が興味深いです。

スルタンとお酒

イスラームの掟《おきて》から、飲酒は表向きには全面的に禁止でしたが、実はイスラームの支配階級には、ワインを飲む長きにわたる伝統があったのです。スルタンたちの飲酒習慣にはかなりのばらつきがあり、有名な大酒飲みもいれば、まったく飲まない者もいたようです。狩猟の宴や私的な社交の場では酒が出されたので、スルタンたちは、多かれ少なかれほぼ間違いなくワインなどのアルコールを飲んでいたようです。

スレイマン一世の場合、治世の初期には、大宰相のイブラヒム・パシャとともに庭園でワインを飲んでいたそうですが、後年は酒を飲まなくなったそうです。

イブラヒム・パシャの宴とスレイマンのふるまい

一五二四年の大宰相パシャの結婚を祝う祝祭が二週間にわたって盛大に執り行われました。年代記作者のイブラヒム・ペチェヴィーは、スレイマン一世は別のテーブルで食事をし、大帝の従者が給仕したと記録しています。実は、メフメト二世の治世からスルタンは一人で食事をとることとなったのです。これに関する勅令も出されています。

外国からの使節団がスレイマン治世中にトプカプ宮殿を訪れ、宮廷料理を相伴した記録も残されています。オーストリア大公フェルディナントの大使、コルネリウス・デ・シェッペルは「きゅうりのピクルス、バラのジャム」が供されたあと、小さなナプキンを一人一枚ずつ、二人分のナイフを一本ずつ、そして木のスプーンを一本ずつくれたと記しています。イブラヒム・パシャが「トルコ人は木製のスプーンしか使わない」ということを教えてくれたという稀少《きしょう》な証言も記しています。その後、「切り分けられた冷製チキン」、「各種の鳥の肉が山盛りの皿」に「若鶏の山盛り」、その後「ざくろ果汁で煮込んだレモン入りピラフ」、「砂糖入りの料理」など微に入り細をうがって記しています。

一五四四年八月、フランス大使に同行したアンティエの司祭ジェローム・モーランの証言でも美しい木のスプーンが登場し、「一〇リットルは入ろうかという大きなガラス容器に、砂糖と洋梨などの果物を混ぜたシロップ水」に続いて「炊きあがった黄米のピラフと白米のピラフ」、「チキンとイルミク〔ひきわり小麦〕」、「砂糖菓子」、「チキンソテー」、「ウズラとヤマウズラのソテー」、最後に「砂糖を絡めたナッツ類」が出されました。モーラン司祭の証言では、飲酒の代わりに香料・シロップ入りの冷たい甘味水のシェルベットが用意されていることがわかります。

一六世紀のオスマン料理総括

スレイマン治世のオスマン料理は、現在のトルコ料理に対しても一八世紀のオスマン宮廷料理に対しても過渡期的な料理と言えます。中央アジアからアナトリアを経てイスタンブルにたどり着いたオスマン帝国は、遊牧、イスラーム、ビザンツの食文化を複合的に吸収して宮廷料理を作り上げました。様々な食文化を融合して築かれた宮廷料理は、ビザンツの特徴であるオリーブオイルを控えめにし、動物性油脂と甘味料で煮込んだ料理を作り上げました。取り扱いに長《た》けた乳製品、アラビア、ペルシアから借用した肉料理、ビザンツ帝国で食べられていた魚介類などを材料とした一六世紀のオスマン料理が料理書や外交文書、出納帳、外国人の記録などから浮かび上がるのでした。

12　カトリーヌ・ド・メディシス「伝承」の真実

いかなる婦人がこれほどまでに
数学の素養をもち得ようか？
いかなる姫君がこれほどまでに
大いなる世界の絵画を、自然界の
もろもろの道を、天界の音楽を
理解し得ようか？
（ピエール・ド・ロンサール『占星術』。ジャン・オリユー、田中梓訳『カトリーヌ・ド・メディシス』より二次引用）

一五一九年四月一三日、フィレンツェのメディチ宮殿で女児が生まれました。その名もカテリーナ・ディ・ロレンツォ・デ・メディチ（一五一九～一五八九）です。父はウルビーノ公ロレンツォ二世・デ・メディチ（ロレンツォ・デ・メディチの孫）、母はオーヴェルニュ伯ジャン三世の娘マドレーヌです。しかしカテリーナは、誕生の直後に母が亡くなり、間もなく父も亡くすという悲劇に襲われ、孤児となりました。

一五三三年、メディチ家出身のローマ教皇クレメンス七世（在位一五二三〜一五三四）の尽力により、カテリーナはフランス王であるフランソワ一世の次男オルレアン公アンリ・ド・ヴァロワ（後のアンリ二世）（在位一五四七〜一五五九）と結婚しました。これによりフランス名カトリーヌ・ド・メディシスとなりました。この結婚の裏には、フランソワ一世、神聖ローマ皇帝カール五世（第10章　一三九ページ、第11章　一五二ページ参照）への対抗策として、メディチ家との結びつきを強固にしたいという思惑と、メディチ家の体制を盤石にするためフランス王国と神聖ローマ帝国双方との繋《つな》がりを持ちたいとするクレメンス七世の目算があったと言います。

一五四七年には夫アンリがフランス王に即位し、カトリーヌは王妃となり、しばしば摂政を任されました。一五五九年に馬上槍《やり》試合での事故によりアンリ二世が息を引き取ると長男の王太子がフランソワ二世として一五歳で即位し、カトリーヌも王母として政治に関わりますが、翌一五六〇年に王は中耳炎が元で亡くなってしまいます。

フランソワ二世の弟で第三王子シャルルが、一〇歳の若さでフランス王シャルル九世とし

	名前	生年	没年	出来事
1	フランソワ2世	1544年 1月19日	1560年 12月5日	【フランス国王】 1558年にスコットランド女王メアリーと結婚
2	エリザベート	1545年 4月2日	1568年 10月3日	1559年にスペイン王フェリペ2世と結婚
3	クロード	1547年 11月12日	1575年 2月21日	ロレーヌ公シャルル3世と結婚
4	オルレアン公ルイ	1549年 2月3日	1549年 10月24日	夭逝
5	シャルル9世	1550年 6月27日	1574年 5月30日	【フランス国王】 1570年にエリザベート・ドートリッシュ（オーストリア・ハプスブルク家の神聖ローマ皇帝マクシミリアン2世と皇后マリアの娘）と結婚
6	アンリ3世	1551年 9月19日	1589年 8月2日	【フランス国王】 1575年にルイーズ・ド・ロレーヌ＝ヴォーデモンと結婚
7	マルグリット	1553年 5月14日	1615年 3月27日	ユグノーとカトリックの宥和をはかる政策として、1572年にナバラ王エンリケ3世（後のブルボン朝初代フランス国王アンリ4世）と結婚。のち離婚
8	アンジュー公フランソワ	1555年 3月18日	1584年 6月19日	成長した男子の兄弟のうち唯一王位に就かずじまい
9	ヴィクトワール	1556年 6月24日	1556年 8月	ジャンヌとの双子。夭逝
10	ジャンヌ	1556年 6月24日	1556年 6月24日	ヴィクトワールとの双子。胎内で死

カトリーヌの子どもたち

て即位し、カトリーヌは摂政として政治を担いました　一五七四年、シャルル九世が亡くなり、四男のアンリがフランス王アンリ三世に即位します。当時のフランスは旧教派と新教派が争う内乱の時代で、カトリーヌはアンリ三世と共に難局を打開しようとしたものの、結局はアンリ三世が旧教同盟のギーズ公を暗殺するという暴挙に出ます。カトリーヌは、一五八九年一月五日、息子の愚行を嘆きつつ死去しました。王母から摂政、そして国王の右腕となり、三〇年政治を切り回し、宗教戦争の混乱の中で国家を支えた女傑の孤独な最期です。カトリーヌ死去からおよそ七か月後の八月二日、アンリ三世は暗殺され、この死によりヴァロワ朝は断絶、ブルボン朝という新たな時代が幕を開けることとなりました。

カトリーヌ・ド・メディシスの「伝承」あるいはイタリアとフランスの交流

フィレンツェ発のルネサンス文化の到来という文脈で、カトリーヌの「伝承」が世界中で広められています。曰《いわ》く、イタリアからフランスへ食文化が流入し、フランスの食文化が発展。そのきっかけを作ったのがカトリーヌだ、というものです。しかし、事実はそれほど単純ではありません。

カトリーヌが一四歳で数多くの付添人を伴ってフランスに渡ったことや、そこに料理人、ペストリー職人、砂糖菓子職人らも加わっていたこと、パセリ、アーティチョーク、レタス等の食材、そしてフォークや陶器の皿などが持ち込まれたことは事実でしょう。しかし、宮廷の作法や食卓の変化からフランスでの味覚革命が起こり、フランス宮廷料理がイタリア流もしくはフィレンツェ流の香辛料を抑制した料理に変貌したというのは、伝承の範疇《はんちゅう》であると言わざるをえません。

実際、中世以来、欧州の国々は料理の技術や食物の交流が活発で、宮廷では各国共通の料理術やレシピがありました。イタリアとフランスの間の料理のアイディアと知識の交換も一三世紀より活発で、ナポリの料理書に「フランスのやり方に従った」肉料理、「ガリア風」のエンドウ豆スープ、フランスの料理書には「ロンバルディーア（イタリア北西部にある内陸地域）風」ソテーやパイ、ポタージュなどの記述が見られます。そのため、カトリーヌが嫁いだ一五三〇年代からフランスの料理がイタリアの特徴をとらえて一気に変貌を遂げたということはありませんでした。

一六世紀当時フランスで出版された料理書は、依然として中世の偉大な料理人タイユヴァン（一三一〇頃〜一三九五）が著した『ヴィアンディエ（料理人の書）Le Viandier』（一三九二年以前に刊行）の増補版が中心でした。イタリアからの影響としては、プラーティナ著『真の喜びと健康について』（第9章　一三一ページ参照）のフランス語版の出版が挙げられます。

前述の通り、プラーティナの料理書のレシピは素材の味を生かしたシンプルなもので、香辛料を薬の代用品と捉え、薬の効果を期待するなら少量で十分としているのが特徴です。

ところが、一六世紀のフランスの味の嗜好《しこう》については、『ヴィアンディエ』の再販が最も多かったことからもわかる通り、前世紀から多用されたスパイスと酸味が好まれました。味つけと料理法は中世からの伝統を踏襲していたと言ってよいでしょう。またフランスでのプラーティナの翻訳版への興味・関心はイタリアとは異なり、健康と食事の関係性に限定されました。

では一六世紀のフランス食文化の発展が何だったかというと、知識階級の栄養学に対する関心の高まりと、食事が宮廷儀式の一つと見なされて工夫が凝らされるようになったことから礼儀作法の教えが浸透し厳格に守られたことなどが挙げられます。

一六世紀のフランス料理書

『ヴィアンディエ』増補版と『真の喜びと健康について』以外に、一六世紀のフランスで出版された料理書は幾つかありました。一五三六年に数名の料理の達人が出版業者ピエール・

セルジャンのために著した『料理の作り方に関する小論』が刊行されます。セルジャンはこの本に二〇〇以上のレシピを追加して一五三八年に『極めて便利かつ有益な料理書』として出版します。本書は中世には見られないレシピを集めた意欲作でした。

続いて、一五四五年に作者不詳の『あらゆるジャム、コンポート、薬草入りワイン、ミュスカデおよびその他の飲み物』という本が刊行されました。内容は、コンフィテュール（果実の砂糖煮込みという意）に関するものでした。そして、日本でも有名な医者であり占星術師であるミシェル・ノストラダムス（一五〇三～一五六六）が一五五五年に通称『化粧品とジャム論』という二部構成の書物を刊行しました。第一部は美と健康に関する論考で、第二部はハチミツ、砂糖並びにマスト（ブドウ果汁を煮詰めたもの）を加えたジャムやシロップ煮や砂糖漬けなどのレシピをまとめたものでした。これはノストラダムスが医師や占星術師として様々な技術を実践する中で得た、健康の保持と促進に役立つ処方の数々を提示しており、美食術の知識を獲得したいと思う全ての人に向けて著わしたものです。

また、料理書ではありませんが、作家で医師のフランソワ・ラブレー（一四八三～一五五三）が一五五二年に著した『第四之書パンタグリュエル物語』には、食事関係の描写や当時の食材や料理名が随所に書き記されています。一例を挙げると、粉砂糖を加えた仔牛《こうし》の腰肉のロースト、豚の骨付き背肉オニオンソース添え、アンドゥイユ（豚、仔牛の内臓などを詰めたソーセージ）などが作品内の肉のリストに並んでいました。当時の料理を知る上での貴重な資料となっています。

フランスの食文化への貢献

カトリーヌのフランスの食文化への貢献は、宮廷での祭典の浸透による食事の考え方の変化と祭典の中での礼儀作法の順守、そしてそれに伴う食事様式「コラシオン」の登場とその拡散が大きいのです。「コラシオン」とは、食後に供される軽い食事のことで、マジパン、甘いお菓子、砂糖漬け、果物、冷製のパテなど、出される食べ物のほとんどが冷たく甘いものでした。コラシオンは、正規の食事とは区別され、また調理場に隣接したデザートを作るためのオフィスと呼ばれる場所で準備されました。

祭典好きなカトリーヌは、寸劇や音楽などの余興を加えた宴会を企画・実行したことで大変評価され、コラシオンに見合う甘いお菓子の質も上がっていきました。保存や製菓に使われた砂糖は大量に生産され、砂糖を使う技術も上がっていきました。

砂糖の精製について、ノストラダムスの『化粧品とジャム論』に載っているのでここで引用します。

砂糖の精製法
――貯蔵している間に黒ずみ、汚くなった砂糖を精製し、すでに取り上げた材料だけでなく、あらゆる材料に使える。（中略）水に入れた卵白を、手を休めずに白く泡立てる。泡立ったら棒ですくって砂糖水の入った鍋に入れ、じっくりと煮る。沸騰して砂糖の不純物が底から浮き上がってきたら、さらに泡立てた卵白を加える。
（クヌート・ベーザー編、明石三世訳『ノストラダムスの万能薬』）

息子シャルル九世の饗宴メニュー

一五七一年三月三〇日、パリ市の高官たちがフランス王室のために催した饗宴《きょうえん》がありました。これは、カトリーヌの息子でフランス王となったシャルル九世と神聖ローマ皇帝マクシミリアン二世の娘で前年シャルル九世と結婚したばかりのエリザベート・ドートリッシュ（一五五四～一五九二）のために催されたもので、主賓には国王夫妻、カトリーヌ、廷臣たちが出席しました。

饗宴に並んだ料理は、淡水魚や海水魚などの旬の魚介類でどれも珍しいものばかりでした。魚介類が並んだ理由はその日が小斎（獣の肉や卵、乳製品の摂取を避ける）の日だったためです。各料理はトランペットの音と共に運び込まれ、多くの皿を数回に分けてサーヴィス（提供）するフランス式サーヴィスも万全でした。稀少《きしょう》で種類の多い料理とワインの素晴らしさもさることながら、招待客への細やかな心遣いをともなう料理提供には賞賛がおくられたそうです。料理の量が賞賛される中世のサーヴィスから変容してきた証左と言えるでしょう。

夕食後には舞踏会が開かれ、その後にコラシオンが供されました。そこでは汁気のある・なし二種の砂糖漬け、ドラジェ（糖衣菓子）、マジパン、甘いビスケット、コティニャック（マルメロをゼリー状にしたもの）、「世界」から集められた果物、肉や魚の形を模した砂糖のペーストが並べられました。砂糖を取り扱う技術革新の結晶と言えるかもしれません。

カトリーヌ・ド・メディシスのお気に入り料理

カトリーヌの壮年期の姿はたくましくエネルギーに満ちたものだったと言われています。あるヴェネツィアの大使が見た彼女の印象は、歩きながら、あるいは食事をしながら常に誰かと仕事の話をしているというものでした。カトリーヌの食欲は非常に旺盛でしたが、過食による消化不良が後年彼女を苦しめることとなったのです。

カトリーヌがフランスに持参したアーティチョークは、イタリアではカルチョーフィ（Carciofi）と呼ばれ、一五世紀のイタリアで栽培に成功します。一五世紀末のナポリ料理書に載ってから、イタリア人たちはその存在に気づき新たな野菜として食すようになりました。一六世紀にはフランス料理書にもレシピが掲載されるようになりました。

当時のイタリアのレシピからアーティチョークを美味《おい》しく食べる方法を紹介します。一六世紀、教皇ピウス五世（在位一五六六〜一五七二）の料理長を務めたバルトロメオ・スカッピ（一五四〇〜一五七七頃）が著した料理書『オペラ（料理研究家バルトロメオ・スカッピの著作集）』に、アーティチョークのパイのレシピが出ています。

アーティチョークハートのクロスタータまたはパイの作り方。

旬のアーティチョークを入手し、肉汁や塩水で調理する。アーティチョークハート（アーティチョークの可食部）をよく洗い、大きいものはスライスして、ハラタケ（マッシュルームの一種）と同じ材料でクロスタータやパイを作る。同じことを、茹《ゆ》でたカルドンの茎をスライスしたものでも行うことができる。

（バルトロメオ・スカッピ『オペラ』）

アーティチョークハートを取り出してパイに包んで食べます。ハラタケのレシピを見ると、三枚のペストリーを用意し、モッツァレラチーズ、パルメザンチーズ、ミント、砂糖、コショウ、クローブ、シナモン、ナツメグにヴェルジュとオレンジ果汁を加えるとあります。スライスしたアーティチョークハートにチーズと香辛料、さらに果汁ソースを加えるという、普段のレシピではあまり見ることのないパイの中身となりましたが、スカッピに従いましょう。下の生地を二枚置いて、詰めたら上からパイシートを重ねます。

宮廷における祭典プロデューサーで、激動の人生を送ったカトリーヌをこのパイ料理でねぎらいたいものです。

13　ルイ一四世　洗練されたサーヴィスの確立

ルイ一四世はどんなことに関しても絢爛《けんらん》、豪華、浪費を愛した。彼は政治によってこの嗜好《しこう》を格言に変え、あらゆる点においてそれを宮廷に吹き込んだ。食卓でも、衣服でも、供回りの者でも、建築でも、気晴らしでも、彼は喜んでこの趣向を追い求めた。そして、それらを話題に、彼は人びとと語らうのだった。内心では、彼はそうやって贅沢《ぜいたく》を名誉あることとし、ある部分については必要なこととすることで、皆を蕩尽《とうじん》させようとしていたのであり、それに成功してもいた。こうして少しずつ、皆が生計を維持するためには彼の恩恵に完全に依存しなければならなくしたのである。さらに、彼はあらゆる点で豪華な宮廷によって、また、自然の社会的区別〈昔から当然のこととされてきた身分上の区別〉をますますなくしてしまうごちゃまぜによって、自分の自尊心の満足を見出したのである。

〈サン＝シモン公爵『回想録』。イヴ＝マリー・ベルセ、阿河雄二郎他訳『真実のルイ14世』より二次引用〉

一六三八年、ブルボン家のフランス王ルイ一三世と王妃アンヌ・ドートリッシュに王子ルイが生まれます。後の国王ルイ一四世（在位一六四三～一七一五）です。ルイ一四世の時代は危機の時代とも言われています。その頃フランスはハプスブルク家との戦争のさなかにあり、拡大する戦火は人々に多大な被害をもたらし、また戦費の増大による増税のため、国民全体が疲弊している状況にありました。

一六四二年、首席国務大臣のリシュリュー（一五八五～一六四二）が亡くなり、半年後の一六四三年にはルイ一三世も四一歳の若さで亡くなってしまい、皇太子ルイは四歳と八か月でルイ一四世として王位につきました。母后アンヌが摂政となり、国務会議主席にマザラン枢機卿《すうききょう》（一六〇二～一六六一）を指名して、両者が若き王を助けることとなりました。

このマザランの時代に、国内ではフロンドの乱が、国外では長きにわたるスペイン戦争が継続的に行なわれました。一六五三年にフロンドの乱が終結し、スペイン戦争は一六五九年にピレネー条約により終わりました。

一六六一年にマザランが亡くなると、後二二歳となったルイ一四世は自ら統治にあたると重臣たちに宣言して親政を開始しました。王権の絶対化、植民地の開発、産業の発展に努め、六七年からは対外戦争を繰り広げました。死を迎える一七一五年まで五四年間の長きに渡る王の治世です。誇りを胸に育ったルイ一四世は紋章に用いた太陽を自らのシンボルとします。翌一六六二年、王は祭りのための舞踏衣装を作りました。デザインは太陽神アポロンを模したものでした。人びとは生命力に満ち溢《あふ》れた光の輝きを具現化した衣装を着た王を自然に「太陽王」と呼んで讃《たた》えました。

一六六二年、ルイ一四世はヴェルサイユ宮殿の建設にとりかかります。パリから約二〇キロメートル南西に位置するヴェルサイユは父王ルイ一三世の狩猟地でルイ一四世にとっても思い出の地でした。宮殿造営にあたり、土地の造成と植林を行ない、王の思い描く理想の美しさを追求すべく当時の技術の粋を集め、地形と水位を大胆に改造して二〇年がかりで作られました。ルイ一四世は一六八二年五月にようやく、パリから念願のヴェルサイユに移り住みました。

音楽を好み、自らクラヴサン（鍵盤楽器。日本ではイタリア語のチェンバロで知られている）やギターを演奏し歌も歌ったルイ一四世は、芸術と文芸を保護しました。例えば、モリエール（一六二二〜一六七三）やラシーヌ（一六三九〜一六九九）などの作家に尊敬の念を示し、充分な年金を支給して創作活動を奨励しました。音楽家も同様で当時イタリア人だったジャン＝バティスト・リュリ（一六三二～一六八七）の才能を見抜き、宮廷楽団へと誘いました。王立科学アカデミーも創設し、科学者を保護し、新技術の開発を促しました。こうした活動は、王室の財力や度量を示すとともに、中央集権化の手段の一つだったと言われています。

また、ルイ一四世の絶対王政を支えた財務総監のコルベール（一六一九～一六八三）が経済政策を主導しました。国内では産業を奨励し、「王室工場」と呼ばれた国営企業があらゆる家具や工芸品などを生産し、「王国工場」と呼ばれた民営企業が、国からの助成金、税の免除、独占の認可などを受けて経済活動を優遇されました。

一方、外国との交易で不利益を被らないよう植民地事業を推奨し、カリブ海にあるアンティル諸島でセネガルの黒人奴隷にサトウキビの栽培を行なわせました。

ルイ一四世の政策の中でも重要なものが、一六八五年のナントの勅令の廃止です。プロテスタントから信仰の自由を奪うという厳しい内容だったため、商工業者を中心とするプロテスタントの大部分がフランスを離れることとなります。これは結果的にフランス国内の産業発展の阻害要因となりました。一方、プロテスタントの亡命者たちを受け入れた国々では国力の増大と繁栄に結びつきました。その恩恵を享受した主な国にはネーデルラント、ザクセン、オーストリア、プロイセンなどが含まれていました。

ルイ一四世治世のフランスの外交政策としては、武力行使、すなわち戦争が挙げられます。特に対立したハプスブルク家の弱体化を狙うため、オスマン帝国とも交渉を進めています。そして、数々の侵略戦争を展開して、フランスの領土をライン川流域まで拡大させました。しかし、フランス王国の財政は困窮の一途を辿《たど》り、食糧危機の影響もあって、飢饉《ききん》と疫病が猛威を奮いました。ヴェルサイユの華やかさとは隔絶した現実がルイ一四世の治世にはありました。

一七一五年九月一日、七七歳を前にして、王は崩御《ほうぎょ》しました。ルイ一四世は、死の間際に「朕《ちん》は逝けども国家は永続す」という言葉を残したそうです。広く知られる「朕は国家なり」は若き日の王が議会への優位を宣言した発言として一九世紀の歴史家レモンテが紹介した典拠不詳の言葉ですが、実際にはさらに大きなスケールで、本人のエゴを越えて国の未来を考えていたとも取れます。王はフランスの危機に対処し、それに打ち勝つための精神力を宿していました。一七世紀後半のフランスは間違いなくルイ一四世と共に存在していたのです。

中世料理からの脱却を図る近世フランス料理

一七世紀のフランスは、中世料理から脱却した新しい料理のスタイルを築きました。ブルボン朝はパリのサロン文化や啓蒙《けいもう》思想を海外にアピールする文化政策を進めており、料理を国家レベルの政策と捉えていたわけですが、中世の貴族たちが個人の富と権威のアピールに料理を使っていたことと比べると、そのスケールの大きさに驚かされます。ルイ一四世の時代には宮廷料理への関心が高まり、一七世紀後半以降、豪華な祝宴の中にグランド・キュイジーヌ（高級料理）が確立されていきます。

一六八二年にヴェルサイユへ宮殿を移したルイ一四世は、毎日のように晩餐《ばんさん》会を催しました。当時のコース料理は、ポタージュ、アントレ（肉、魚貝料理）、ロー（焼き上げた肉料理）、アントルメ（野菜料理）、デザートでした。中世のコースから分類も品数も増えましたが、ひと皿ごとの料理は少量になりました。たくさんのお皿に少しの料理。現在のフランス料理のイメージに近づいてきました。

一七世紀の料理書

料理人ラ・ヴァレンヌ（生没年不詳、一七世紀）が一六五一年に著した『フランスの料理人 Le cuisinier françois』があります。この料理書は、中世以来のスパイスの多用が抑えられ、肉や魚のブイヨンをベースにした味つけを採用しています。特に現代に続くブーケ・

ガルニを使ったハーブや香味野菜、キノコの味つけが目立ちます。また、溶かしたラードで小麦を炒《いた》めてつくるつなぎやブイヨンで肉を煮込んで色を付けたジュ、香味野菜と肉を煮て濾《こ》して小麦粉でつないだクーリなどフォンの原型となるソースも登場します。

この時代に登場する新たな食材は、フォアグラやトリュフなどです。『フランスの料理人』では、フォアグラのラグー（煮込み）、網焼き、灰焼き、クールブイヨンで煮込んだトリュフなどのレシピが記されています。

逆に一七世紀に消えた食材としては、中世・ルネサンス期で登場する機会の多かったクジャク、白鳥、コウノトリ、鶴などの大型の野鳥です。これらは味覚面だけでなく、饗宴《きょうえん》を盛り上げる視覚的な効果をもたらしていましたが、徐々に饗宴から消え、視覚的インパクトは重視されなくなりました。スパイスの使用と酸味も抑制され、味覚と嗅覚の嗜好にも変化が起こりました。

『フランスの料理人』は出版からおよそ一〇〇年間でフランス国内、国外を合わせて四五回も版を重ねた大ヒット作で、中世以来の伝統から脱却し、フランス料理の再生がなされた料理書として大きな意味を持ちます。この本をきっかけにフランスでは空前の料理書出版の流行が訪れました。一七世紀後半から一八世紀にかけて二三〇冊以上の本が登場したのです。

中でもマシアロ（一六六〇頃〜一七二二）の『王室とブルジョワ家庭の料理人』は二つの社会階層を記した画期的な本で、当時のブルジョワ、すなわち一般市民の素朴な料理であっても、盛大な集まりの時に作られたら、宮廷料理の水準に達すると記しています。

　こうして宮廷の洗練された料理に、市民の比較的素朴な料理までが組み込まれ、フランス社会で料理が育まれていったのです。

フランス式サーヴィスの確立

一七世紀に入ると、中世以来の料理のサーヴィス方法が整理統一され、フランス式サーヴィス（第12章　一七八ページ参照）が定着していきます。三回から六回サーヴィスしてきた中世に比べ、サーヴィスは三回に分かれ、第一のサーヴィスでは、肉や魚の煮込みとしてのポタージュを中心に、第二のサーヴィスでは焼き上げた肉料理を中心に構成され、第三のサーヴィスでは砂糖菓子や果物などで構成されました。

　各サーヴィスには同じ数の皿数が置かれ、皿の配置もテーブルの「対称性」を意識して調和のとれた空間となるように配置していったのが特徴です。美味《おい》しさのみならず調和の「美しさ」をフランス式サーヴィスでは追求していきました

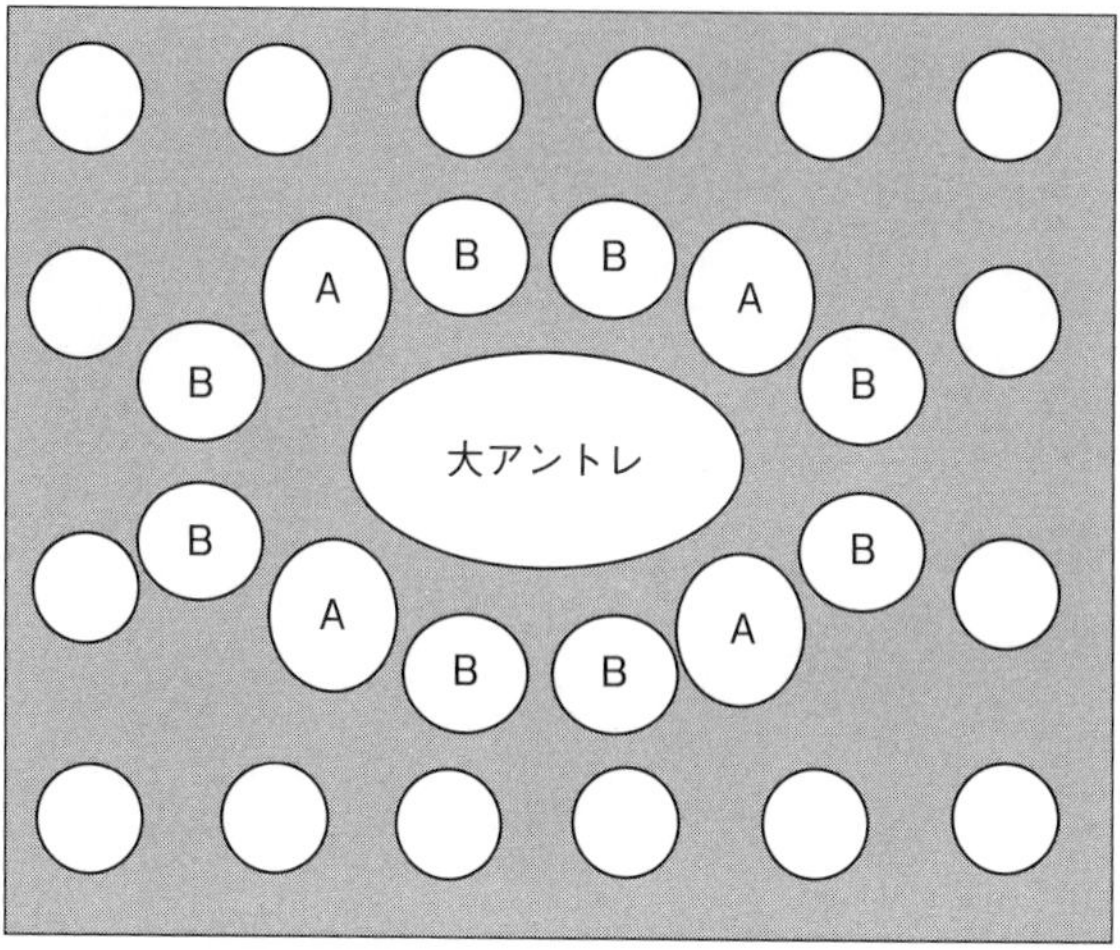

無印……各自の皿
A……オードブル
B……ポタージュと中アントレ

フランス式サーヴィスの配置概念図の一例

フードファイター・ルイ一四世

ルイ一四世は、かなりの健啖家《けんたんか》でした。彼の大食ぶりについて、ルイ一四世の弟オルレアン公の妃ラ・プランセス・パラティーヌことエリザベート・シャルロット（一六五二〜一七二二）は次のように記しています。

器一杯に注がれたスープを、種類を変えながら四杯、雉《きじ》まる一羽、シャコ一羽、大皿に盛った「グリーン」サラダ、ハムを大きく切り取ったのを二切れ、ジュ〔肉汁〕とニンニクを使った羊肉料理、パイ類一皿、さらにその他さまざまな果物や幾つものゆで卵……といったものを一通り陛下が平らげてしまうのを私はよく目にしておりました。

（オルレアン公妃エリザベート・シャルロットの書簡、一七一八年一二月五日付）

現代のフードファイターも顔負けの量です。また、すでに食器やテーブルマナーが定着していたにもかかわらず、王は手づかみで食べる癖が抜けなかったと言われており、公妃の驚き具合がありありと感じられます。これらの料理からは中世フランス料理からの脱却がうかがえます。また、こうしたフランス料理の歴史的な積み重ねが世界三大料理（中華料理は第4章、トルコ料理は第11章を参照）の一つに挙げられる一つの要因と言えるかもしれません。

さて、肉喰らいのルイ一四世ですから、「ジュ〔肉汁〕とニンニクを使った羊肉料理」をここで取り上げてみましょう。

先に紹介しているラ・ヴァレンヌ著『フランスの料理人』には、羊料理のレシピが次のように載っています。

「仔羊《こひつじ》」：脂がのっているものは、焼いてから、パンの身を、よければ塩とパセリを少々混ぜて上から振り掛けて出す。

（ラ・ヴァレンヌ、森本英夫翻訳・解説『フランスの料理人』）

また、本料理書の他のレシピを確認すると、ジュと呼ばれる肉汁とニンニクを使った肉料理のレシピが見つかります。

「ブイヨンを加えて長時間焼いたら、タマネギと潰したニンニクを加えて出す」

牛の塊肉を使った料理です。中世の、スパイスを大量に用い、酸味のあるソースから、ブイヨンをベースに味を調えて、そこに繊細な香りのハーブを加えた近代的な料理へと進化しています。羊料理は、塩とハーブというシンプルな味付けとなり、肉料理では、ブイヨンをベースにして肉汁の旨みを引き出し、タマネギとニンニクを使って味付けしています。

ルイ一四世の主治医だったギィ・クレサン・ファゴン（一六三八〜一七一七）が、他にどんな料理を王が味わっていたか証言しています。具体的には、ファゴンは王に対し、果物を多く摂るように進言したのですが、ルイ一四世は甘いものやサラダを好んでいて、その提案はうまくいきませんでした。また、王は昼食と夕食にポタージュを数杯飲むのが習慣でしたが、ジュが多く濃厚でした。そして、彼に出された料理には全て通常の二倍以上の香辛料が効いたものが出されていて、ファゴンの忠告からはほど遠い料理の内容だったと言えるでしょう。

コーヒーの世紀とフランス

フランスにおけるコーヒーの広がりは諸説あります。一つがオスマン使節ソリマン・アガの一年のフランス滞在中、トルコ・スタイルのコーヒーがパリに紹介され、パリの貴族たちは、ソリマン・アガが滞在する館に連日訪れてコーヒーを飲み、飲んでからは客へのもてなしにコーヒーを提供して広がったというものです。ソリマン・アガの帰国後も、コーヒーの普及が急速に進んでいきました。

他にも、マルセイユのコーヒーハウスからパリに伝播《でんぱ》した説など様々あります。但し、一六六〇年代のフランスでコーヒーを味わった人は、上流階級の一部に過ぎませんでした。

一方で、一六六六年一二月二日刊行の『宮廷式諸芸神 La Muse de (la) Cour』には、早くもコーヒー愛飲家となった詩人が次のような「コーヒー讃歌《さんか》」を表しています。

「カヴェ（kavé）」の美徳

アラビアの飲み物
もしくは、トルコぽさを気取るなら
レバントでは誰もが飲んでいる
アフリカでも、アジアでも
コーヒーはイタリアをかけめぐり
オランダと英国人たちのいるところも席巻した
効能を知っている人たちのところを
そしてこの都パリのアルメニア人が
コーヒーをフランス人たちにももたらした

（『宮廷式諸芸神』一六六六年一二月一二日号に掲載されている〔アドリアン＝トマ・〕ペルドゥ・ド・シュブリニの詩）

コーヒーが伝わってきたばかりのフランスでは、コーヒーは人間の心身に悪いらしいという風説がありました。毒性もあると言われ、イスラーム圏で飲まれていたことや色も黒いことから、飲んでみたい欲求はあるものの二の足を踏んでいたところがありました。そこで、豊穣《ほうじょう》と清純のシンボルと言われていた牛乳をコーヒーに加えて、コーヒーの「毒性」を中和させます。そうやって、混ぜ合わされた「白いコーヒー」を飲んでから、四時間程度食事をとらないでいると、コーヒーが胃に染みこんで、それが非常に身体に良いと見なされます。コーヒーの毒性も、コーヒー牛乳の効能も、現代の科学にとっては噴飯ものでしょうが、当時はそんな迷信が信じられていました。牛乳や砂糖と一緒に飲まれるようになると、コーヒーはフランスで爆発的に広まり、たちまちあらゆる階層で飲まれるようになりました。

一六八〇年代から九〇年代には、人文学者のフィリップ・デュフール（一六二二～一六八七）が「コーヒーをミルクと合わせて少々煮ると凝縮され、香りはショコラ（チョコレート）のようになるので、ほとんどの人がおいしいと感じるだろう」と言い、フランスの貴族セヴィニェ侯爵夫人マリー・ド・ラビュタン＝シャンタル（一六二六～一六九六）は娘への手紙に「牛乳を砂糖とおいしいコーヒーと混ぜることを思いついたのです」と書き記しており、カフェ・オ・レ普及の兆しが見て取れます。

ルイ一四世の治世に入ってきたコーヒーは、当初、「アラビアの飲み物」と歌われた異国情緒あふれる黒い液体でしたが、やがてミルクで「中和」されることでフランス人たちの愛飲する白い液体へと変容し、貴族から庶民まで多くのフランス人に愛されて飲み継がれていったのでした。

14　フリードリヒ二世　コーヒーではなくビールを飲め！

$\frac{P}{\text{à}}$ à $\frac{6}{100}$　（à sous p à cent sous six = à souper à Sanssouci?）

サンスーシ〈宮殿〉で夕食はいかがですか？

（屋敷二郎『フリードリヒ大王　祖国と寛容』、Peter Peter "Kulturgeschichte der deutschen Küche" 等より）

フランス語で書かれた暗号のような手紙。まるで、相手にこの謎を解いて宮殿に来てくださいと言っているかのような軽やかさを感じます。この手紙の主こそかの有名な第三代プロイセン王国国王のフリードリヒ二世（在位一七四〇〜一七八六）です。尊敬をもってフリードリヒ大王と呼ばれています

この手紙は一七五〇年七月に、王がフランスの哲学者ヴォルテールをポツダムのサンスーシ宮殿に招くために書いたものです。王はこのとき、王太子時代からの文通相手であったヴォルテールに侍従の称号を与えました。当時二人は、食卓をはさんで哲学談義を楽しむ実り

多い時期を過ごしていました。

ドイツ語が母語でありながら、フランス文化に魅了されフランス語も使っていたフリードリヒ大王。そもそも、サンスーシ（Sanssouci）とは「憂いなし」を意味するフランス語で、王命によって一七四五年から一七四七年のわずか二年で建てられた宮殿でした。

さて、冒頭の暗号文を説明します。これを読み上げたものが下の括弧に記した「à sous p à cent sous six（pの下にa、6の下に100をおいて）」となりますが、これをフランス語の同じ音で当てはめると、「à souper à Sanssouci」となり、「サンスーシで、晩餐《ばんさん》に」という意味になるのです。

ところで、フランス文化に魅了された大王は、フランス語をどのような頻度で使っていたのでしょうか。その手掛かりは幼少期にありました。

王太子誕生――プロイセン王としての道のり

一七一二年一月二四日に大王は王太子として誕生、プロイセン君主だった祖父からフリードリヒと命名されました。父はフリードリヒ・ヴィルヘルム一世で、翌一七一三年にプロイセンを継承しました。幼年時代はロクル夫人ことマルト・ド・ロクルに養育され、夫人のフランス語と詩作の嗜《たしな》みは大王の人格形成に影響を与えました。父王は王太子のために宗教教育と実学を重視する教育方針を定め、軍事学を学ぶことを強制しました。王太子は過密スケジュールをこなしながら、日々の慰めに父王から禁じられているフランス語での詩作やフルート演奏に興じるのでした。将来の国王として軍事的鍛錬の意味を持つ乗馬や狩猟に励んでほしい父王と、音楽や読書を愛する王太子との考えの隔たりは大きかったようです。

一七四〇年五月三一日に父王が亡くなると、大王はフリードリヒ二世としてプロイセンの君主の座につきます。同年一二月、ハプスブルク領シュレージエンに侵攻、後にオーストリア継承戦争と言われる第一次シュレージエン戦争を開始し、これに勝利します。その後の七年戦争（第三次シュレージエン戦争）では、プロイセンはイギリスと、オーストリアはフランス、ロシアと同盟を結び、戦場はオーストリア全土に広がりました。大国オーストリアの「女帝」マリア・テレジアと三度相対した結果、シュレージエン領有を確定します。プロイセンは大国化の道を進んでいきました。

また大王は、拷問の原則的廃止、出版の自由、婚姻の自由、信教の自由など啓蒙主義的な諸改革を行ない、自らを「国家第一の僕《しもべ》」と称し、冒頭の啓蒙《けいもう》思想家でもあったヴォルテールと交流しました。大王の統治は啓蒙の精神をともなう、人民と国家のための奉仕でした。

一七四五年にはポツダムにサンスーシ宮殿の造営を命じ、二年がかりでこのロココ式の建造物を完成させます。また子供の頃からの素養であるフランス語での詩作やフルートの演奏を行なうなど、文化的な君主でもありました。

ジャガイモの地位向上

ジャガイモはドイツの食文化だけではなく社会全体を変えたといっても過言ではありません。もとは一六世紀にアメリカ大陸から欧州へ伝搬した「外様野菜」で、最初は観賞用・薬用に限られていました。ドイツでのジャガイモ栽培が始まったのは一七世紀後半からで、観賞用から食用になります。但し栽培された地域は、ファルツ地方（ラインラント＝プファルツ州の南部地方）とフォークトラント地方（ドイツのバイエルン州、ザクセン州、テューリンゲン州、およびチェコ共和国の北西ボヘミアにまたがる地域）でした。他地域に栽培が広まるのは一八世紀に入ってからです。

ジャガイモはドイツの食卓にいつ頃登場するのでしょうか。実は作曲家ヨハン・ゼバスティアン・バッハ（一六八五～一七五〇）が一八世紀前半にジャガイモを味わっていたのです。一七一六年のプロイセン領の都市ハレでバッハが三一歳のときのお話です。一七一六年四月二九日から三日間、ハレの聖母教会に招聘《しょうへい》されたバッハは、五月三日に高級旅籠「金環亭」にて催された豪華絢爛《けんらん》な晩餐会に出席しました。晩餐会には合計一六品からなる豪勢なメニューが供されました。庶民は滅多に食べられなかった牛、羊、仔牛肉《こうしにく》を使った振る舞い料理で、バッハとしても一生に一度あるかないかのフルコースだったのではないでしょうか。このメニューに「ジャガイモ一皿」が入っています。ジャガイモは一七世紀に一部地域で栽培が始まったばかりですので、この時期に食せる人は限られたことでしょう。

このような逸話がある一方で、一八世紀後半に入ってもジャガイモ普及はなかなか進みませんでした。ジャガイモが有毒植物であるというイメージと、地下の塊茎を食用にすることへの違和感から「悪魔の根」とも呼ばれたことなどもあり、農民たちは栽培を躊躇《ちゅうちょ》したのでした。

こうした状況を劇的に変えたのが大王です。彼は一七五六年に「ジャガイモ栽培令」を発令し、農民に「ジャガイモの栽培を理解させる」ことを役人に命じました。そして休耕地へのジャガイモ作付けを義務付けたのです。大王は農民が密かにジャガイモを掘り起こさないように畑を兵士に警備させたとされています。一方、農民たちは厳重に警備された畑を見て貴重な作物だと思い込み、こぞってジャガイモ栽培を始めました。

その後一七七〇年代初頭の凶作で、ドイツ並びに中欧の穀倉地帯での生産は壊滅的な打撃を受け、ライ麦の生産量は激減しました。しかし、ジャガイモ栽培の奨励を受けていた地域は、飢饉《ききん》の影響を受けず食糧危機に陥らなかったのです。これによりジャガイモの有効性に気づく人が増え、様々な地域での栽培が始まりました。

フリードリヒ二世が亡くなった二年後の一七八八年に出版されたルドルフ・ツァハリアス・ベッカー（一七五二～一八二二）著『農業従事者必携手引書　またの名を　ミルトハイム悲喜小史』には当時のジャガイモについての知識や食べ方について記述されています。

　ジャガイモはトリュフ、大地のトリュフ、大地の桃、地面の桃、地域によってはポタテもしくは大地の林檎《りんご》などと呼ばれる（中略）食するにあたっては塩でアク抜きをすること。ザウアークラウトにも合うし、ニンジン、カブ、豆類、炒《いた》めたキャベツその他およそどんな食物にも合わせてよろしい。ごく小さいものは粉団子の類のかわりにスープに入れてもよい。粥《かゆ》類をスープで伸ばして混ぜてもよいし、パイ生地やパンに混ぜて焼くのもよい。

推奨の食べ方の一つに、粉にしてパンとして食すことも記述されているのが特徴です。ジャガイモ粉を用いたパンやパンケーキのレシピは一九世紀の料理書にも載っています。

ドイツとコーヒーの歴史

欧州におけるコーヒーの歴史をひもといてみましょう。一五七五年のヴェネツィアにて、欧州でコーヒーが初めて淹《い》れられました。同時期にコーヒーやチョコレート、そして紅茶などの新たな嗜好品《しこうひん》がアジアや南米大陸から続々と欧州にもたらされました。貴族たちはどの未知なるドリンクに手を出そうか逡巡《しゅんじゅん》しているような状況でした。コーヒーはヴェネツィアを玄関口にし、一六〇〇年代にはオランダ、イギリス、フランスと欧州を席巻し、一六六五年にウィーンに伝わりました。

ドイツで最初にコーヒーが流行したのは一六七〇年代と言われています。ハンブルク、ブレーメン、ケルン、そしてライプツィヒにコーヒーハウスが開設され、大都市の上流階層を中心にコーヒーが広がりを見せ、その後北ドイツやザクセン地方を中心に「流行の飲料」として飲まれていきます。一八世紀半ば頃までには上流階級のみならず市民層や農村部へと浸透していきました。その結果、貴族から庶民、貧民までもが飲む日常飲料となりました。特にコーヒーが大流行したのはライプツィヒでした。昔から多くの人が行き交う大学都市で、知識人や学生も多いザクセン選帝侯国のこの都市では、コーヒーハウスへの需要も多く、順調にその数を増やし、一七三〇年代には八軒になりました。この頃ライプツィヒにあったツィンマーマンのコーヒーハウスでは、彼の依頼によってバッハが書き上げた《おしゃべりはやめて、お静かに（通称・コーヒー・カンタータ）》（BWV 211）が一七三四年頃にこのコーヒーハウスで初演されました。作品には人々のコーヒーへの熱狂が伝わってきます。こうして押しも押されもせぬコーヒーハウスの街として存在感を高めていったのです。

コーヒー禁令

大王の治世のプロイセンでは、コーヒーは大都市や上流階層のみならず農村部や庶民までが飲用する日常に定着した飲み物となっていました。しかし、コーヒーの急激な需要の増大は輸入による国富の流出を意味していました。オーストリア継承戦争や七年戦争による逼迫《ひっぱく》財政の影響もあり、一七七七年にコーヒー禁令を発しました。「コーヒーとビールにおける宣言」で、国富の流出を防ぐためコーヒーの消費に制限をかける必要があるというものでした。またプロイセンの人々は、古くからビールで栄養をとっていました。戦場でも「ビールで身体を作った」兵士によって勝利してきたことから、ビール飲用を奨励したのでした。こうしてプロイセンではコーヒー関税を大幅に引き上げ、政府によるコーヒーの焙煎《ばいせん》独占と許可制を始めました。

フリードリヒ二世のコーヒーの消費量とその飲み方

国の立場から禁令を発令した大王ですが、彼自身はコーヒーが好きでした。自身の言葉で言い表すと「今朝はたった六、七杯……そして昼食後はたった一つの鍋」という驚異的な消費量だったのです。また若い頃には一日四〇杯も飲んでいたそうです。

そして大王の奇妙な食習慣の一つに、沸騰させたスパークリングワイン（フランス流にシャンパンを使ったようです）でコーヒーを注ぎ淹れ、風味を強めるためにコショウとマスタードを加えて味わうというものがありました。試しにその方法で作ってみるとスパークリングワインで注いだコーヒーの風味とマスタードの味わいがそぐわないため、残念ながら大王の飲み方に賛辞を送ることはできませんでした。また、彼は料理にも分量と強い味わいを求めていたようです。

フリードリヒ大王考案料理

フリードリヒ大王が考案した料理があることを医者のヨハン・ゲオルク・ツィマーマン（一七二八〜一七九五）が証言しています。

午後二時（一七八六年六月三〇日）、王の食事会の紳士が、サンスーシから直接私を訪ね、悪い知らせを持ってきました。昼食の間、国王はその日の朝私に教えてくれた悪習を遵守していました。いつものように激辛で熱々のブイヨンを絞ったスープを大量に食べていたのです。（中略）続いて、半分がトルコ小麦と半分がパルメザンチーズを使ったイタリア料理を食べました。これにニンニクの絞り汁を加え、バターで焼いて、辛めの香辛料で作ったスープをすべてのものにかけます。マリシャル卿が最初にサンスーシに持ちこんだお気に入りの料理は、大王によってアレンジが加えられ、ポレンタと呼ばれました。

（テオドール・ゴットリープ・フォン・ヒッペル『ツィンマーマン一世とフリードリヒ二世』）

コーンミールを粥状に煮たイタリア料理のことをポレンタと言いますが、ポレンタの元々の意味は穀物の粉に水やスープを加えて火にかけて練り上げたものでした。フリードリヒ大王はトルコ小麦を挽《ひ》き割りした粉とパルメザンチーズにニンニク汁を注いで、バターを加え、最後に香辛料を入れて作り上げています。

これを現代に再現するならば、トルコの挽き割り小麦は現在、「ブルグル」という名前で流通していますのでこちらを使うことを提案します。また、原文にはありませんが、本来のポレンタに使われているコーンミールをブルグルとブレンドして作るのも良さそうです。香辛料には新大陸からの贈り物チリペッパーを加えて作るのも一興です。

15　リンカーン　感謝祭とクレオール料理

感謝祭《サンクスギヴィング》を行なう旨の布告

（一八六三年十月三日）

今年もそのうちに終ろうとしているが、今年は実り多き畑の収穫と晴れ渡った青空との祝福にみたされていた。

われわれはこのような恩恵を絶えず受けているために、そのよってくる源を忘れがちである。しかし今年はこの恵に、新たな恵が加えられているのである。（略）。

これらのことに対して、全アメリカ国民が挙《こぞ》って一斉に、厳かに、敬虔に、心からなる感謝を捧げることは、私には適切にして適当のことに思われる。故に、私は合衆国全地のいずれにありとも、或《ある》いはまた海上におり、外国に滞在するわが全同胞市民に対して、来る十一月の最終木曜日をとくに平日と分ち、天にいます我らの恵み深き父への、感謝と賛美の日として守ることを勧めるものである。また、私は、かかるくすしき救いと祝福とを与え給うた神に、当然捧げるべき感謝の言葉を捧げるとともに、わが国の犯した過誤《パーヴァースネス》と不従順とを謙虚に悔改める心を以て、寡婦《やもめ》、孤児、悲しむ者、苦しむ者を神の慈悲深い庇護に委ねることを同胞に勧める。これらの人人はいずれも、われわれがやむをえず従事しているこの悲しむべき国内戦争の犠牲者なのである。また全能者の御手が国民の傷を医《いや》し、神の御旨《みむね》に叶《かな》うかぎり、できるだけ速やかに、国民を導き、平和、一致、平穏、和合を、再び十分に楽しめるようになし給わんことを熱心に祈り、求めるように勧める。

以上の証しとして私はここに署名し、合衆国の国璽《こくじ》を捺《お》さしめる。

一八六三年、合衆国建国第八十八年十月三日、ワシントン市において

エイブラハム・リンカーン

国務長官ウィリアム・エイチ。スューアド〈副署〉

〈高木八尺・斎藤光訳『リンカーン演説集』〉

第一六代アメリカ合衆国大統領エイブラハム・リンカーン〈一八〇九～一八六五〉は、一八〇九年二月一二日ケンタッキー州の人里離れた丸太小屋で生まれました。インディアナ州とイリノイ州で育ったリンカーンは、開拓時代の弁護士となり、下院議員を一期務めた後、

大統領に就任しました。

彼は、合衆国南北の統一と奴隷解放、ホームステッド法や太平洋鉄道法の制定による西部開拓の促進、ランドグラントカレッジによる教育機会の提供などにより称えられています。リンカーンは、平易でありながら雄弁な言葉遣いでも知られています。一番有名なのが南北戦争の戦没者墓地奉献式で行なわれた、いわゆるゲティスバーグ演説です。「人民の、人民による、人民のための政治」の一節はよくご存じでしょう。そして、アメリカの食文化に現代にまで影響を与えているのが、冒頭の感謝祭を行なう旨の布告です。

南北戦争の真っただ中にある一八六三年一〇月三日に布告を宣言されました。その内容とは、「一一月の最終木曜日を感謝祭の祝日とする」ものでした（現在は第四木曜日）。リンカーンのこの宣言によって、初めて連邦国家としての祝日が制定されました。それまでのアメリカ合衆国の祝日は初代大統領ワシントンの誕生日と独立記念日だけだったのです。

リンカーンにまつわる食物語の前に、リンカーンの宣言がきっかけとなり現代にも続く感謝祭の料理をひもといてみましょう。

アメリカ合衆国の感謝祭

感謝祭の夕食の主役の一つが七面鳥です。感謝祭の別名に「七面鳥ディナー」という言葉があるほど、この日はアメリカ国民の多くが七面鳥を味わいます。アメリカ大陸、特にメキシコ盆地から輸入された七面鳥（第10章 一四六ページ参照）は、イギリスで人気を呼び一五六〇年代には広く食されるようになります。こうして七面鳥はクリスマスなどの祭日に供される標準的な鳥のロースト料理となっていきました。

一七世紀には、七面鳥はアメリカ大陸へと里帰りを果たし、イギリスから来たアメリカへの入植者が七面鳥を持ち込みます。つまり、元々いた「野生の」七面鳥と「イギリスから里帰りを果たした」七面鳥の二種類がアメリカ大陸に存在することとなりました。

そして、一六二〇年ピルグリムファーザーズと呼ばれるイギリスのピューリタンの一団がメイフラワー号でアメリカに渡り、現在のマサチューセッツ州プリマスに入植しました。翌一六二一年、彼らは先住インディアンの協力により作物の栽培に成功し、「我々の収穫物」を神に感謝する祝宴を催しました。こうした祝宴は、イギリスで古くから行なわれていた秋の収穫祭を引き継いだものでした。彼らは、イギリスのクリスマスやお祭りで、「豚に仔牛《こうし》に鵞鳥《がちょう》に鶏に七面鳥」などのローストを食べていた古き良き習慣を新大陸でも行なったのであって、アメリカで新たに行なわれるようになった宴ではなかったのでした。

一六二一年の祝宴のメニューは残されておらず、正確なところはわかりませんが、先の感謝祭の定番メニューに近しいものだったと思われます。そしてこれらの料理は新大陸の食材と旧大陸の食材が融合して新たに生まれたものでした。例えばパイ料理は、サツマイモ、カボチャ等の新大陸の食材と、旧大陸の香辛料であるタイムやローズマリー、そしてアラビアからイベリア半島に渡ったカスタード——卵、牛乳、砂糖、香辛料を混ぜて作る——を組み合わせて作ったものです。

文化人類学では、西洋と非西洋の混血的なものをクレオール的と呼ぶことがあります。一七～一九世紀のアメリカでは、新大陸と旧大陸の食材の交流と混淆《こんこう》料理が着々と進み、複数の食文化の融合したクレオール料理が花開いていきました。

その頃、アメリカ人初の料理書が一七九六年に出版されました。作家アメリア・シモンズ（生没年不詳）の『アメリカの料理法 American Cookery』です。ここにポンプキン（パンプキンのこと）のパイのレシピが載っています。

ポンプキン

カボチャ一クオートを煮込んで濾《こ》して、クリーム三パイント、溶き卵九個、砂糖、メース、ナツメグ、ジンジャーをペースト状にして（中略）余った生地で十文字や格子縞《こうしじま》の飾りをつけて、皿に入れてオーブンで四五分焼く。

シモンズのレシピには、他にも「七面鳥のスタッフィング（詰め物）ロースト」のレシピが収録されていて、グレイビーソースとクランベリーソースの使用が言及されています。現代のアメリカの感謝祭での七面鳥にグレイビーソースとクランベリーソースを使用するのは、このレシピから二〇〇年以上も受け継がれたものなのかと実感できるでしょう。また、レシピにはタイムやマジョラムといった旧大陸の香辛料も記されており、七面鳥のローストもまた混血創作料理の範疇《はんちゅう》と言えるでしょう。

アメリカを代表するグレイビーソースについても紹介します。グレイビー（肉汁）という言葉は、中世英語の「グラヴ gravé」が最初で、中世フランスの料理本に数多く見られることから、フランス語に由来すると推定されています。中世の原義では、肉を焼いたときに流れ出る自然な煮汁と言われています。中世のロースト肉にグラヴをかける料理は、ビザンツ帝国でも見受けられ、豚肉、羊肉、ヤギなどの肉汁を強火で煮詰め、ガルム（魚醬《ぎょしょう》）やワインと混ぜて食べることが多かったと、中世の旅行者たちが報告しています（第6章　八四、八七ページ参照）。

一七世紀のフランスでソース料理が登場すると（第13章　一八七ページ参照）、グレイビーソースはフランスの影響を受けながら、何度も洗練されていき、植民地時代のアメリカに持ち込まれました。先のシモンズの『アメリカの料理法』にある「七面鳥のスタッフィング（詰め物）ロースト」では、肉汁（ソース）にバター三分の一ポンドを入れ、小麦粉をまぶしたらグレイビーソースをかけると記されています。肉汁にバターを加えるやり方は当時一般的で一九世紀まで人気がありました。中世の伝統とフランス料理の発展が加わったソースがアメリカ伝統料理に組み込まれ、現在に至る、そんな歴史の流れを強く感じさせる一品です。

リンカーン大統領による感謝祭を行なう旨の布告の宣言に至るまでには色々な人の努力がありましたが、特に大きかったのが雑誌編集者サラ・ジョセファ・ヘイル（一七八八～一八七九）の尽力です。「タイム」誌の二〇一六年の感謝祭の時期の記事（一一月二三日ウェブ記事配信、二〇一六年の感謝祭は一一月二四日）には、「感謝祭を祝日にするための彼女のロビー活動は、一八二七年の小説『ノースウッド』の一節にまで遡ることができる」と指摘しています。その小説にはニューイングランド州ノースウッドの、とある農家の感謝祭のごちそうが描かれていたのでした。七面鳥のローストを筆頭に、牛のサーロイン、豚のモモ肉、羊のモモ肉、ガチョウとアヒルのつがい、チキンパイ、ピクルス、ジャム、バターの皿、巨大なプラムプディング、カスタード、数種類の濃厚なケーキ、さまざまな甘い肉や果物など食欲をそそる料理がテーブルいっぱいに並べられ、その中には「真のヤンキーの感謝祭に欠かせない」パンプキンパイもありました。小説では、人々は神の恩恵と慈悲に感謝するとほとんど儀式を行なわずに食事を始めたと記されています。

ヘイルの小説の描写は、現在のアメリカの感謝祭のディナーに非常に近いものとなっています。大きな違いは、七面鳥だけでなく肉料理の種類が豊富なことで、前述のトマス・タッサーの詩により近いように感じられます。感謝祭を祝日にする活動の中で、ヘイルはよりアメリカらしい食材を中心に料理を選び、提唱していったのだろうと考えられます。

子供の頃の食事

ケンタッキー州で生まれたエイブラハム・リンカーン。父親トーマス（一七七八〜一八五一）は力仕事をする大工かつ雇われの農業労働者で母ナンシー（一七八四〜一八一八）は裁縫師として働いていました。エイブラハムが生まれて数年で一家はケンタッキー、インディアナ、イリノイ各州を転々としました。母ナンシーは、作物を栽培し、聖書を読むのを好んでいました。エイブラハムは、母の姿を見て育ちました。

インディアナ州では母ナンシーは、野生動物や豆、トウモロコシなどを、夕食や晩餐《ばんさん》によく使いました。また、彼女は灰の中でジャガイモやサツマイモを焼くこともあり、エイブラハムたちはよくそこでナッツを焼いていました。また、エイブラハムは近くの泉に水を汲《く》みに行き、その水で夕食の「ホー・ケーキ」や「コーン・ドジャー」が作られたのでした。ホー・ケーキはコーンミールでできている無発酵のパンケーキのことで、コーン・ドジャーとは焼くか揚げた小さい楕円《だえん》形のトウモロコシパンのことです。どちらも新大陸の食材を使った料理で、一九世紀の感謝祭のメニューに加わることもあります。

作家ローラ・インガルス・ワイルダー（一八六七〜一九五七）の「小さな家」シリーズの『プラム・クリークの土手で』には、感謝祭の様子が描かれていてコーン・ドジャーが物語のメニューに加わっています。

感謝祭のディナーはおいしかった。父さんはそのためにガチョウを撃った。暖炉も小さなストーブについたオーブンもなかったので、母さんはガチョウを煮なければならなかった。でも母さんはその肉汁（グレイビー）でダンプリングを作った。コーン・ドジャーとマッシュポテト、バターとミルクに干しプラムの煮込みもあった。ブリキの皿の横には、炒《い》ったトウモロコシが三粒ずつ置かれていた。

（ローラ・インガルス・ワイルダー『プラム・クリークの土手で』）


ここでもガチョウの煮汁を上手く生かし、グレイビーの単語も使われています。

本シリーズでは、西部開拓時代のアメリカで、貧困に悩まされながら、厳しい自然の中で工夫をこらして生きる家族の姿が描かれています。一八七〇年代に慎ましくも温かな感謝祭の夕食を味わっていることが伝わってきます。

リンカーンとオバマ

二〇〇九年に行なわれた第五六回大統領就任式は、奇しくもエイブラハム・リンカーンの生誕二〇〇周年となったため、リンカーンが折に触れて表明していた刷新、継続、団結の理想を祝う特別な式典となりました。

例えば同年一月二〇日に催された、第四四代アメリカ合衆国大統領バラク・オバマの祝賀昼食会は、これまでと少し異なる趣向で行なわれました。祝賀昼食会は通常、新大統領と副大統領の出身州から代表的料理を採用するのが慣例でした。しかし、オバマ大統領は、ケンタッキー州とインディアナ州の開拓地で育った第一六代大統領リンカーンが味わってきた料理で構成したのです。

就任記念昼食会メニュー
第一のコース　シーフードシチュー
第二のコース　アメリカ鳥二種（雉《きじ》と鴨《かも》）サクランボ〔サワーチェリー〕のチャツネと
　　　　　　　糖蜜入りスイートポテト添え
第三のコース　アップルシナモンスポンジケーキ並びにスイートクリームグラッセ

リンカーン大統領は、野生動物の肉や根菜、そしてアップルケーキなどのシンプルな料理を好んだと言われています。他にも、牡蠣《かき》の煮込み料理やホタテの貝柱を好んで食べたとも言われています。おやつやデザートには、新鮮なりんごやアップルケーキを味わっていたそうです。リンカーンの料理の傾向をしっかり捉えたオバマ大統領の粋な演出です。

リンカーン大統領の晩餐会

オバマ大統領の祝賀昼食会は、リンカーンが味わってきたものを中心に料理を構成していますが、実際にリンカーンが就任式の食事会で味わった料理とは異なりました。では、実際にはどんなものだったのでしょうか。

一八六一年三月四日、リンカーン大統領の就任後初の晩餐会が催されました。一五人ほどの来賓とともに、モックタートルスープ（代用ウミガメスープ）、コンビーフとキャベツ、パセリポテト、ブラックベリーパイなどの簡単な食事をしたと伝えられています。また、真夜中近くになると、リンカーン大統領は、さらに軽食をとったそうです。

それから四年後の一八六五年三月六日、リンカーンは米国特許庁で、さらに手の込んだ就任祝いの宴を開きました。牛肉、鶏肉、仔牛肉、狩猟肉、鴨肉、フォアグラのパテ、燻製《くんせい》肉、チキンサラダ、ロブスターサラダなどが用意され、四〇〇〇人以上が祝宴に参加したと言われています。デザートは、アーモンドのスポンジケーキやフルーツタルト、五種類のシャルロット・リュス（ロシア風シャルロット。ババロアとゼリーを重ね、レディ・フィンガーで周囲を囲ったシャルロット）など、三〇種類ものメニューが用意されました。

クレオール料理と南北戦争の影響

南北戦争以前、クレオール料理は地方ごとに様々あり、「地産地消」はするものの全国的な広がりは見せませんでした。クレオール料理の一例を挙げると、先に登場したパンプキンパイはアメリカ北東部でのネイティブ・アメリカンの食材と西洋の料理法で作り上げられた混淆料理です。また、南東部サウスカロライナ・ローカントリー（サウスカロライナ州）の料理でホッピン・ジョンという名のピーアンドライスがあります。これはネイティブ・アメリカンたちが精通していた豆（ピー）と南部にいた黒人たちの米（ライス）料理とが結びつけられた料理です。黒人奴隷たちはアフリカでの米作経験から米を栽培していました。ネイティブ・アメリカン（新大陸）と黒人奴隷（アフリカ）の食材と料理が結実した混淆料理でありクレオール料理です。

私たちがファストフードで味わっているフライドチキンもクレオール料理の範疇で、アメリカ南部で味わっていたものでした。黒人奴隷が西アフリカで香辛料を用いて味つけしていた鶏の煮込み料理とスコットランド移民のバターで揚げる料理法が混ざり合い、鶏をスパイスで味付けして油で揚げるフライドチキンができあがったのでした。

南北戦争では、アメリカ各地の出身者と移民が戦場で寝食を共にします。これによって人々は、各地で作り上げられたクレオール料理としての郷土料理と、様々な食習慣があることを知ったのでした。そしてそれらは混ざり合い浸透していきました。

そこに、リンカーンによる感謝祭の日を祝日にするという宣言が加わり、アメリカ全土で味わうことのできる統一料理の土壌が生まれました。感謝祭の料理メニューも元々北東部の伝統料理でしたが、全土で食するようになったのです。各州で全く異なる食習慣とエスニック料理（民族料理）が形成されてきましたが、一八六〇年代からそれらが他の地域にも浸透していきます。さらに、工業化による発展と都市型ライフスタイルの画一化が生まれ、それらはハンバーガーに代表される二〇世紀のファストフードに結びついていったのでした（第18章参照）。

また正しい環境への知識を欠くため危険な立場に追いこまれたことも何度かある。例えば私は競馬に関係したことはないが、それでも「白銀号」を書いた。あの小説は競馬の規程と調教のうえに主題があるのだ。話そのものに不都合はなかった。ホームズが大活躍するのもよかろう。しかし私の無知は天まで鳴りわたった。私はあるスポーツ紙で、この小説をめちゃめちゃにやっつけたすぐれた批評を読んだことがあるが、これは明らかにその道に通じた人の書いたもので、あの小説のなかの人物が小説の通りに行動したら、各人が一人残らず処罰されるだろうとしてあった。あのなかの半数は監獄ゆきで、残りは戒告されて競馬界から追放されるだろうとあった。それでも私は、細かいことにあまり神経をとがらしたことはない。人間たまには高飛車に出るのが必要だ。

（コナン・ドイル、延原謙訳『わが思い出と冒険――コナン・ドイル自伝』）

16　コナン・ドイル　大英帝国のカレー

一九世紀後半のイギリスを象徴する一人の人物、コナン・ドイル。ご存じシャーロック・

ホームズシリーズの生みの親です。コナン・ドイルは一八五九年にエディンバラのピカルディプレイスで誕生しました。少年時代のコナンは家庭のしつけが厳しく、学校はそれに輪をかけて厳しい、まさにスパルタ教育の場だったので、けんかに明け暮れながら家庭と本だけが自分の慰みだったと振り返っています。コナンは、古代のスパルタを彷彿とさせる学校での食事も具体的に記しています。

朝食は、バターなしのパンとたっぷりの水で割ったミルクで、たまに肉が出ることもありました。昼食は、バターつきのパンに「パンとビール」と称するパンの小片とうす茶色の飲み物にホット・ミルク。夕食はポテトに週二回プディングが出ていました。

ジャガイモの定着

コナン少年の学校での食事にポテトが登場しています。新大陸から到来したジャガイモはイギリスではいつごろから登場するようになったのでしょうか。実は、イギリスでのジャガイモ栽培は、他国より非常に早く、一六九九年にはイギリス全域で栽培されました。そして、一八世紀には国内全土で、商業用農作物となり、人々からますます信頼される作物となっていきました。

ジャガイモとトウモロコシ――インディアン・コーンと呼ばれるもの――は、ヨーロッパの農業、もしかするとヨーロッパ自体が、通商と航海の大規模な拡張によって得た最も重要な二つの改良点である。

（アダム・スミス『国富論』）

コロンブスらが海を越えて活動した大航海時代から『国富論』の出版された一七七六年までのおよそ二八〇年間のヨーロッパの動きは、このアダム・スミスの言葉に集約されるのかもしれません。ジャガイモは、その後、貧民を支えイギリスの人口増加に貢献し、一九世紀に入り工業化が進むと労働者階級の食事になくてはならない食材として、大量に消費されるようになりました。

食事の金額

一八七六年一〇月にエディンバラ大学の医学部に入学したコナン・ドイルは苦学生でした。彼はランチに二ペンスまでは使うことを許したそうです。一ポンドが二〇シリングすなわち二四〇ペンスです。当時の貨幣がどのくらいの価値があったのか、シャーロック・ホームズで確認してみましょう。

そんなものが何になるもんですか。私も見ましたが、十月四日、室料八シリング六ペンス、朝食二シリング六ペンス、カクテル一シリング、昼食二シリング六ペンス、シェリー一杯八ペンスとあるだけです。何も意味なんかありゃしませんよ

一流の値段からさ。部屋代が八シリングだのシェリーが一杯八ペンスというのは、贅沢《ぜいたく》ホテルだよ。こんなにとるホテルはロンドンにもそうたくさんはない。

（「花嫁失踪事件」）

当時どのくらい稼いだら、ロンドンで暮らしていけるのかという金銭事情にも、コナン・ドイルは小説内で踏み込んで書いています。

「たいへんおもしろいお話です。年に百ポンドも利子がはいるうえに、働いてお金をお

とりになるとすれば、さだめし旅行をしたり、そのほかいろんな好きなこともなされるわけですね。独身の女性なら、一年に六十ポンドもあればずいぶん結構にやってゆけますでしょうから」

（「花婿失踪事件」）

『つい近ごろまで、スペンス・マンロー大佐のお宅で毎月四ポンドいただいておりました』

（「椈屋敷」）

ちなみに、コナン・ドイルはローマ・カトリック系の寄宿中学に入りましたが、その授業料は年間五〇ポンドばかりかかっていると自伝に記しています。

シャーロック・ホームズのヴィクトリア朝ロンドン料理

コナン・ドイルは一八八七年から一九二七年までの長きにわたり、シャーロック・ホームズシリーズを執筆しています。物語の舞台は一九世紀末のヴィクトリア朝の頃のロンドン。

緋色の研究	パン
四つの署名	ハムエッグ、牡蠣《かき》と雷鳥《グラウス》
ボヘミアの醜聞	コールド・ビーフ、トースト
赤髪組合	サンドイッチ
青いガーネット	山鴫《やましぎ》のご馳走
花嫁失踪事件	ご馳走は冷たい山鴫《やましぎ》が二対、雉《きじ》が一羽、鳥肝捏物《フォア・グラ》のパイが一皿
技師の親指	ベーコンのうす切りと卵
緑柱石《ベリル》の宝冠	牛肉の大きな塊りからうすく一片切りとって、輪切りのパンの間にはさみ、その粗末なサンドイッチの弁当
白銀号《しろがねごう》事件	羊のカレー料理
海軍条約文書事件	チキンのカレー料理、ハムエッグ
バスカヴィル家の犬	パンが一塊、牛肉の缶詰が一つに桃缶が二つ
第二の汚点	サンドイッチ
三人の学生	グリンピースを煮て
恐怖の谷	四つ目の卵、トースト
覆面の下宿人	ヤマウズラの冷肉
ショスコム荘	鱒を一皿
隠居絵具屋	トーストの屑《くず》や卵の殻が二個

ホームズ・シリーズに登場する料理

では、小説に登場し、ホームズとワトスンが言及している料理を具体的に紹介します。

シャーロック・ホームズシリーズは食を主眼とした小説ではありませんが、それでも一九世紀当時のロンドン市民がどんな料理を味わっているのかが明瞭となります。飲み物としては、コーヒー、ココアが挙げられ、イギリスで大流行を経て国民的な飲料となった紅茶が挙げられていないのも特徴です。

サンドイッチの誕生

一覧で目につくのがサンドイッチです。特に、「緑柱石の宝冠」では、ホームズは牛肉をスライスし、輪切りのパンに挟んで即席のサンドイッチ弁当をこしらえて捜査の遠征に出かけています。

イギリスはサンドイッチ発祥の地です。「サンドイッチ」という名称は、ある特定の人物に由来しています。第四代サンドイッチ伯爵ジョン・モンタギュー（一七一八～一七九二）その人です。誕生の逸話としては、多忙な日々でゆっくり食事をとる時間がなかったため、パン二切れに冷肉をはさんで食べたというものです。いつしか、サンドイッチの友人たちや同僚が、「サンドイッチと同じもの（パン二切れに肉などの具材をはさんだもの）を」と注文を始め、それが縮まって「サンドイッチ」となったようです。一七六〇年代から一七七〇年代に急速に普及して、サンドイッチは一般名称として使われるようになります。

紅茶、ヨーロッパへ向かう

ここで、紅茶とヨーロッパの歴史を振り返ってみましょう。ヨーロッパ世界と茶の接触は、一六一〇年のオランダ船が初で、商用として持ち込まれます。最初の輸入品はなんと緑茶でした。その後、長い船旅に耐えうる紅茶が輸入されました。当時のヨーロッパでは、コーヒーと同様、紅茶についても健康や生命の危機に関する様々な議論が活発に行なわれました。

フランスでは一七世紀後半の間だけ、貴族の間で紅茶がもてはやされました。やけどを避けるため牛乳を入れてミルクティにして飲んでいましたが、コーヒーとココアがフランス宮廷に入ってくると、人々はそちらの魅力に取りつかれてしまいました。また紅茶はコーヒーなどに比べて大変高額だったので、次第にすたれていきました。初めて紅茶をヨーロッパに導入したオランダも同様で、紅茶の需要はコーヒーやココアなどに奪われてしまいました。

イギリスでは、宮廷を除いて一七世紀末に紅茶を飲む者は稀《まれ》でした。一六九九年の紅茶の輸入量はわずか六トン程度だったのです。イギリスと紅茶の「蜜月」は一八世紀になってからでした。

紅茶とイギリス宮廷

イギリスにおける紅茶の普及は、宮廷から始まりました。一六六二年、ステュアート朝のイングランド王チャールズ二世（在位一六六〇～一六八五）がポルトガル王ジョアン四世（在位一六四〇～一六五六）の娘キャサリン・オブ・ブラガンザ（ポルトガル名：カタリナ・デ・ブラガンサ）（一六三八～一七〇五）と結婚しました。チャールズ二世との結婚に際し、多くの持参金（実際のところお金ではなくポルトガルの海外植民地の交易権など）を持って宮廷に入り、その中に茶箱がありました。当時、紅茶は大変な高級品で、手に入れることは容易ではありません。しかし、キャサリンは毎日のように飲んでいたのです。当時、貿易先進国として繁栄したポルトガルの王女だったからこそできた贅沢でした。彼女が生活していたサマーセット・ハウスでは、訪問者に紅茶が毎日のように振る舞われ、人気を呼んでいました。これによって、イングランドにおける喫茶の習慣が確立していきます。キャサリンが英国宮廷にもたらして称賛されたものが、茶と東インド諸島へのアクセスでした。

こうして、イングランド宮廷の貴族の間で紅茶を飲む習慣ができました。時を同じくして東インド諸島からイギリスへの独占輸入権を認められていたイギリス東インド会社が市場シェアを拡大していきました。一六六〇年代に、オランダから少量の良質の茶を取り寄せ、イギリス王チャールズに贈り物として献上すると、王は紅茶をいたく気に入り、東インド会社に強大な権力を与えていったのでした。

砂糖入り紅茶と産業革命

イギリス国内で紅茶が圧倒的に普及した背景には、一七世紀中ごろから一世紀の間、ロンドンなどの大都市で賑《にぎ》わいを見せたコーヒーハウスがあります。現代の喫茶店にあたり、文字通りそこに行けばコーヒーを飲むことができました。一六五〇年代にオックスフォードやロンドンで次々と開業します。自由に談笑できる新たな社交場としてコーヒーハウスは機能していきました。

コーヒーハウスでは、コーヒーのみならず紅茶やホットチョコレート飲料も提供されました。このコーヒーハウスには、カリブ海産の砂糖も提供され、ほどなくして砂糖入り紅茶が飲まれるようになりました。コーヒーやホットチョコレートと共に貴族と商人の間で大流行します。

そして、産業革命によって大英帝国の民衆の食生活は変化していくのです。かつて、オートミールと牛乳、チーズ、パンなどを主体としていた食事から紅茶、砂糖、バター、パンの生活に転換していきました。

産業革命真っただ中のイギリス民衆が飲んでいた紅茶は、とてつもなく濃く、牛乳かクリームを注いでミルクティにしていました。また、紅茶も砂糖も流通量が安定し、価格も下落していくことで、コーヒーハウスで貴族が飲んでいたように、紅茶と砂糖を一緒にして飲むことができました。砂糖入り紅茶は、産業革命のオートメーションに即した合理的な食事を摂ることを意味したのです。

一九世紀英国の国民食カレー

シャーロック・ホームズ作品の料理に戻りましょう。一九世紀末のロンドン庶民の食事として意外に思われる料理が登場しています。それは、カレーです。

「ハドスン夫人はずいぶん気がきくね」ホームズはチキンのカレー料理のふたをとりながら、「あまり変った料理も知ってはいないが、スコットランド女にしちゃ朝食の作りかたは心得ているほうだ。ワトスン君、それは何だい？」
「ハムエッグさ」
「それはいいね。フェルプスさんは何をやります？　チキンのカレー料理ですか？　卵ですか？　何でもお好きなものを注文してくださいよ」

（「海軍条約文書事件」）

昏睡《こんすい》からさめたハンターも、このネクタイの持主については、同様のことを証言した。そして自分がこんなに眠ったのも、あの男が窓のそとに立っていたとき、羊のカレー料理に薬をまぜこんだものに違いないと力《りき》んだ。

（「白銀号事件」）

「白銀号事件」では、カレーを謎解きのヒントに使っています。当時カレーはイギリスを代表する料理と言っても過言ではないほどの存在感を放っていました。

一九世紀の一〇〇年間で、イギリス本国でのカレーの立場が大きくなっていきました。その土壌を作ったのが一八世紀です。ホームズの時代から一〇〇年ほど前の時点でイギリス人の間にカレーという言葉はすでに浸透していたそうです。イギリスと友好条約を結んでいたインド中南部のニザーム王国の宮廷料理やカレーが伝わっていきました。

初期にインドへ移住したイギリス人たちはスパイスを多用するゴア料理（インド料理の一部）にそれほど違和感を覚えなかったようでした。というのも一八世紀のイギリスでは料理にクミン、キャラウェイ、ジンジャー、コショウ、シナモン、クローブ、ナツメグをふんだんに使う中世ヨーロッパの食の伝統が健在だったからです。一方フランスでは多種多様な香辛料をふんだんに使う中世の伝統からいち早く脱却し、香辛料はコショウ、クローブ、ナツメグに絞って、効果的においしく使うように変わっていました。

一九世紀のイギリスの中流階級でカレーが流行する一因となったのが、大衆向けの雑誌にインド料理のレシピが掲載されるようになったことです。これに加えてカレーが人気となった決め手は、庶民のお財布にやさしくとても経済的だったことです。カレーは残り物の肉や野菜を使い切る理想の料理でした。最も有名な料理著作家の一人であるイザベラ・ビートン（一八三六〜一八六五）が記した『ビートン夫人の家政読本』は、インド現地の味わいからイギリス人の好みの味に置き換えたカレー料理のレシピを載せています。

肉は食べやすい大きさに切り、ゼリーや切り落としを煮詰めて肉汁にする。鍋にバターを熱し、タマネギを茶色になるまで炒《いた》め、小麦粉とカレー粉を入れて五分煮込み、りんごとブイヨンを加えて材料が沸騰するまでかき混ぜる。蓋をして三〇分煮込み、濾《こ》して鍋に戻す。ほぼ沸騰したところでレモン果汁を加え、味を調えてから肉を入れる。鍋をストーブの脇に寄せ、肉を二〇分ほどホットソースに浸しておくが、沸騰させてはいけない。炊きたてのご飯の上にのせて食べる。

（イザベラ・ビートン『ビートン夫人の家政読本』）

ビートン夫人のレシピにはインド現地の料理からイギリス流への変更が次の通り見られます。

1. 多種多様のスパイスからカレー粉を使用する。
2. カレー粉とだし汁を一緒に入れる。
3. 小麦粉でとろみをつける。
4. マンゴーをりんごに変更し加える。

その後、この一九世紀英国式カレーはすたれてしまい、ほとんど食べられなくなりました。

イギリスでは今でもカレーが国民食と言ってもいいくらい人気ですが、本場インドから直輸入したカレーを味わっています。今、一九世紀英国式カレーが生き続けている国は、実は日本なのです。

17　夏目漱石　一生にして三食を経る

明治三十四（一九〇一）年

一月十二日（土）　英国人なればとて文学上の智識《ちしき》において必ずしも我より上なりと思うなかれ。彼らの大部分は家業に忙がしくて文学などを繙《ひもと》く余裕はなきなり。「respectable な新聞さえ読む閑日月はなきなり。少し談《はな》しをしてみれば直《すぐ》に分るなり。さすが自国の文学故《ゆえ》知らぬとはいわざれど繁忙にて読書の時間なしなどとて御茶を濁すかあるいは知ったふりをして通すなり。彼らの胸中には日本人に負けては恥かしとの念充分ある故ならん。（中略）

濃霧、春夜の朧月《おぼろづき》の如し。市内皆燭照して事務をとる。長尾氏方に至る。門野氏方にて牛鍋の御馳走《ごちそう》あり。非常にうまかりし。午後十一時頃帰宅す。

（平岡敏夫編『漱石日記』）

夏目漱石（一八六七〜一九一六）は、慶応三年に生まれ大正五年に亡くなった日本を代表する小説家です。彼が小説家「夏目漱石」として活躍するのは、明治時代末期から大正時代にかけての一〇年あまりでしかありませんが、見方を変えると慶応（江戸時代）、明治、大正という日本の食文化が劇的に変化した時代を生きた人物と言えます。彼の食体験に基づいて江戸から明治、大正三時代の食文化や、英国留学時代の一九、二〇世紀英国料理を見ていきましょう。

漱石の語る様々な食

漱石が味わった食事は、大きく三つに大別できます。一つ目が古代から中世にかけての、肉食禁忌の習慣によって形成された米と魚と野菜を主食とする和食です。二つ目が明治初年の文明開化による西洋料理と、西洋的な要素を従来の料理と組み合わせて生まれた日本風にアレンジした西洋的な料理すなわち洋食です。三つ目がイギリス留学で味わった一九世紀末英国料理です。その他、体調不良の際に味わった病院食もあり、漱石の記録から当時の医療と食の関係にも踏み込むことができます。

吾輩は猫である	椎茸、蒲鉾、麵麭《パン》につける砂糖、雑煮と餅、牛肉一斤、カステラ、ジャム、大根卸《おろ》し、羊かん、半ぺんの煮汁、鮑貝《あわびがい》、玉子、蕎麦、すいか、雁鍋、カツレツ、鰹節、握り飯、干し柿、金平糖
坊っちゃん	金鍔、紅梅焼、蕎麦湯、天麩羅蕎麦、団子、薩摩芋の煮つけ、牛肉
草枕	茶菓子
野分	麦酒、鮭のフライ、ビステキ、焼麵麭《やきパン》、牛乳
明暗	具体的な料理名ナシ（夕食の場面、会食の場面、仏蘭西料理店での会談の場面、朝食と夕食の場面など）
虞美人草	筍、鱧料理、柿羊羹、紅茶、西洋菓子、茶、ビスケット
三四郎	水蜜桃、（熊本の牛肉屋）、（蕎麦屋）
それから	紅茶、焼麵麭、牛酪、（西洋料理屋）、（鰻屋）、チョコレート、葡萄酒、（洋食による会食）、（紅茶だけの朝食）
門	蕎麦掻、茶漬け、饅頭、餅、酒（牛肉店）、菓子
彼岸過迄	（下宿の午飯）、（下宿の朝飯）、氷菓子
行人	氷菓子、（病院食）、（食堂車での昼飯）、鯛の焙烙蒸、（和歌山の料理屋での食事）、（宿での晩食）、（宿での朝食）、プッヂング、（晩餐の食卓）、重箱のお萩、（精養軒下の洋食屋での食事）
こころ	チョコレートを塗った鳶色《とびいろ》のカステラ、干し椎茸、（卒業祝いの晩餐の席）、赤飯、（夜食）、（下宿の晩食）、（夕飯の席）、両国で軍鶏、（不味い午食の席）、（朝飯とも午飯ともつかない食事）、（鉛のような飯を食った夕飯の席）
道草	海苔巻、（一膳で済ませた朝食）、（風邪の最中の晩食）、（夕食の食卓）、（汁粉屋）、茹でた大豆、サンドイッチ、ビスケット、牛乳

漱石作品中の食事

近世の肉食事情と文明開化

前近代の日本では、原則肉食はなされていませんでした。その状況を劇的に変えたのは、開国です。開国により西洋料理での肉の需要が増えていくと、牛肉商売を手掛ける店が登場していきます。そんな中、一八七一年（明治四年）宮中では、肉食に対して「食肉の禁は其の謂《いわれ》なしを以て」解禁します。これを皮切りに明治政府は肉食を奨励します。また同年に仮名垣魯文《ろぶん》『牛店雑談安愚楽鍋《あぐらなべ》』が出版されます。「牛鍋食はねば開化不進奴《ひらけぬやつ》」という言葉にもある通り、牛肉店で提供される牛鍋は、文明開化の象徴であり近代日本の肉食の開始を表しています。東京での牛肉流行の様は、牛肉店が一八七五年（明治八年）に七〇軒以上にまで増加したことからも見て取れます。

日本の明治期の牛肉の勃興と共に育ったともいえる漱石は、ビーフステーキも好んで味わっていて、小説中にも登場させています。

「なぜ？　何もそう悲観する必要はないじゃないか、大《おおい》にやるさ。僕もやる気だ、いっしょにやろう。大に西洋料理でも食って――そらビステキが来た。これでおしまいだよ。君ビステキの生焼《なまやき》は消化がいいって云うぜ。こいつはどうかな」と中野君は洋刀《ナイフ》を揮《ふる》って厚切《あつぎ》りの一片《いっぺん》を中央《まんなか》から切断した。

（夏目漱石『野分』）

ステーキを「ビステキ」と綴《つづ》ったのにもbeef steakという英語に親しんでいた漱石のこだわりを感じます（明治期に登場した新単語の「ビフテキ」はフランス語bifteckを音写したものです）。

一八八八年（明治二一年）に刊行された『軽便西洋料理法指南』は洋食店のレシピを掲載した料理書で、当時の日本の洋食店でどんな料理が提供されていたかがわかる重要な本です。同書には「ビステキ」のレシピも載っています。牛肉のヒレ、ロースのどちらかを使い、まな板において薄く延ばし塩コショウで味をつけ、油をひいたフライパンで二、三分とび色になるまで両面を打ち返して焼く、というものです。付け合わせには、馬鈴薯《ばれいしょ》の油揚げ（フライドポテト）やさやえんどうのバター炒《いた》めまたはサラダを添えるとあります。肉の味のみで勝負する場合は、火加減こそが肝で、手際よく焼き上げたものは賞賛ものだと締めくくられています。

夏目漱石イギリス留学中（1900〜1902 年）に味わった料理や食材、食文化など（『漱石研究年表』から抜粋）
1900 年 　11 月 12 日午後 4 時のティータイム。紅茶やパン。 　11 月 20 日昼食代わりにビスケット。 1901 年 　1 月 12 日長尾半平と門野重九郎と夕食に牛鍋。 　3 月 4 日昼食にスープ・コールドミート・プディング・蜜柑一つ・林檎一つ。 　3 月 5 日ベーカー街で昼食。肉一皿・馬鈴薯（推定）・野菜・紅茶・菓子二個。1 シリング 10 ペンスの支払い。 　4 月 20 日昼食に魚・肉・米・馬鈴薯（推定）・プディング・パインアップル・胡桃《くるみ》・蜜柑。 　12 月 25 日クリスマスのごちそう。パイやプディング。 1902 年 　11 月 7 日藤代禎輔と大英博物館のグリルで焼肉《ビフテキ》とエール。

ロンドンでの食事

一九世紀末の英国の食

表の通り、漱石はイギリス留学中に様々な英国料理や食習慣を体験しています。これまでもイギリスと紅茶の普及について言及しましたが（第16章二二九ページ参照）、一九世紀後半の英国紅茶事情についても改めて記載します。一八四〇年代にアフタヌーンティーは、ベッドフォード公爵夫人アンナ・ラッセル（一七八三〜一八五七）によってイギリスに導入されました。アンナの家では夜の食事が二〇時で昼食と夕食の間に長い時間ができてしまうので、午後の遅い時間に、紅茶やパン、ケーキのトレイを部屋に持ってくるように頼んだのです。これが彼女の習慣となり、友人たちを招待してティータイムを楽しみました。やがて、ティータイムは社交の場となりました。

一八八〇年代になると上流階級や社交界の女性たちの間では、長いガウンに着替え、手袋と帽子を身につけ、四時から五時の間に居間でアフタヌーンティーを楽しむ習慣ができました。この習慣によって、イギリスの紅茶の一人当たりの消費量も一八五一年の二ポンド（およそ九〇〇グラム）から一九〇一年の六ポンド（およそ二七〇〇グラム）へと、五〇年の間に三倍以上に増えました。これを支えるために茶の輸入も激増し、インドとセイロン（現スリランカ）でプランテーションを展開し、安定生産を図るようになったのです。

漱石は、昼食代わりにビスケットも味わっています。一缶八〇銭と具体的な金額も出ています。留学費の月額平均は一五〇円程度で下宿代はそのうち約八〇円でした。八〇銭相当のビスケットを昼食代わりに購入することからも、その切迫した懐事情が容易に想像できます。今でこそ、ビスケットはアフタヌーンティーでケーキと共に供される軽食のカテゴリーにありますが、元々は船員食や戦場食で備蓄食品として広まっていました。工業化されて一般に普及していったのがイザベラ・ビートン（第16章　一三三ページ参照）の活動した一九世紀後半です。日本でも「乾パン」として非常食の位置づけでした。

一九〇一年三月、漱石はベーカー街で昼食をとっています。六品出て「一シリング十ペンス」でした。この価格は当時の日本円に直すとおよそ九〇銭になります。大体ビスケット一缶少々の価格です。また、コナン・ドイルがシャーロック・ホームズシリーズの「花嫁失踪事件」でロンドンの「贅沢《ぜいたく》ホテル」として「朝食二シリング六ペンス、昼食二シリング六ペンス」と書いています（第16章　二二四ページ参照）ので、そこから見れば、漱石の朝食は慎ましい留学生かつ庶民のものだということがよくわかります。漱石は英国でビーフステーキも味わっています。イザベラ・ビートンの新版『ビートン夫人の家政読本』（一九〇九年）には、レシピが次の通り記されています。

グリル料理は非常にシンプルな調理法だが、その成功はほとんどすべて、火が澄んでいて明るく、煙がないことにかかっている。一握りの塩が火をきれいにするのに役立つ。使う数分前に振りかける。焼き網を使用する前に、焼き網を熱し、焼き網に肉がくっつかないように、焼き網を紙でよくこすり、その後、脂肪やスエットでこする。焼くときの最大のポイントは、肉の外側を手早く固めて風味と旨みを逃がさないようにすることで、焼く前にサラダ油か温めたバターを塗っておくと、この効果がより早く得られる。

ステーキは、ステーキ用のトングか、あるいはフォークを使って頻繁にひっくり返さなければならないが、フォークを肉の赤身の部分に突き刺して、肉汁が逃げる穴を開けてはならない。完璧に焼かれたステーキは、外側は非常に黒く、内側は赤く、グレイビー（肉汁）がたっぷりと出ているはずである。焼き上がったら、表面にバターを薄く塗り、塩と胡椒《こしょう》を振り、熱々の皿に盛る。お好みで、クレソンや擦りおろしたホースラディッシュを添えてもよい。ビーフステーキには、オイスターソース、焼きトマト、フライドオニオンなどがよく添えられる。ステーキがグリルから出されるまでの時間をできるだけ短くしなければならないので、これらは必ず最初に焼かなければならない。

ここでグレイビーの単語が登場するのが特徴的です（第15章　二一二ページ参照）。このレシピでは、肉汁をソースとして使う指定はありませんが、同書のローストビーフや牛フィレ肉のローストなどのレシピではグレイビーソースを使って肉の旨味《うまみ》を引き出しています。最後に漱石が複数回味わっていたプディングを取り上げます。オックスフォード英語辞書では次の通りに定義されています。

通常は牛乳、卵、小麦粉（あるいはスエットや、米、セモリナなど他のでんぷん質の食材）などを混ぜたものに、さまざまな甘い、または（時には）、甘くない食材を加えたタネ、あるいはこうした混ぜもので作った外皮にさまざまな食材を包んだものを、茹《ゆ》でたり、蒸したり、焼いたりした料理。

甘い食材を使う場合も、甘くない食材を使う場合もあるプディングは、歴史的な食べ物で数世紀にわたって食されてきました。こと、イギリスにとっては、特別な料理であり、素晴らしい食べ物の一つで、主食にもおかずにもデザートにもなりうるものでした。

漱石が味わったプディングは昼食の中の一品で、主食やデザートとして果物があることから、おそらくつけ合わせのような位置づけだったと思われます。英国体験で何度も味わったからでしょうか、漱石は小説『行人』で「プッヂング」を登場させています。

漱石と巡る文明開化の食事情

文明開化による西洋的な食との交流の中で育った夏目漱石は、洋食も和食も幅広く味わっていました。小説にも登場するようにジャムや砂糖、チョコレート、氷菓子、アイスクリームなど甘いものも好んだようです。漱石自身の味の嗜好《しこう》によるところでしょうか、晩年は糖尿病を患い、糖尿病治療食としての厳重食（現在の糖質制限食）をとることとなりました。食事内容は、一九一六年一一月七日の昼食が「かます二尾・葱《ねぎ》の味噌汁《みそしる》・パン・バター」で夕食が「牛肉・玉葱・はんぺん汁・栗《くり》八つ・パン・バター」、一一月八日の朝食が「朝、パン・バター・鶏卵フライ一箇」というものでした。

一九世紀、二〇世紀の和と洋を味わった漱石は食文化の面からも、基準となるべき貴重な人物であったのです。

18　マクドナルド兄弟　ファストフードの誕生

店舗へ行き、マックとディック、ふたりのマクドナルド兄弟に自己紹介した。ふたりは私を「ミスター・マルチミキサー」と呼び、歓待してくれたので、私もすぐに打ち解けることができた。事業について詳しく話を聞くため、ふたりをディナーに誘った。

その夜のディナーで、ふたりが話してくれたビジネスモデルは、シンプルで、実に効果的で、大いに感銘を受けた。メニューを最小限に絞っているので、作業効率が非常によいこと……ハンバーガーのメニューはたった二種類で、ハンバーガーとチーズバーガーだけだ。ハンバーガーの肉はフライドポテト同様一〇分の一ポンドで、価格もともに一五セント。チーズバーガーは四セント増し。ソフトドリンクは一〇セントで、一六オンスのミルクシェイクは二〇セント、コーヒーは一杯五セント、これがメニューのすべてだった。

（レイ・クロック、ロバート・アンダーソン、　野崎稚恵訳『成功はゴミ箱の中にレイ・クロック自伝』）

二〇世紀の食事情の特徴の一つには、世界的な大衆化と画一化が起こったことが挙げられます。世界中には多様な味わいの料理がある一方、世界のどこに行っても同じような味わいを体験できる。今では当たり前のことですが、画期的で驚異的なことでした。そんな合理化に一役買ったのがファストフードです。現在、世界を席巻するファストフードの代表格といえば、ハンバーガーと言ってよいでしょう。

そのハンバーガーの代名詞と言えば、マクドナルドです。創業者であるマクドナルド兄弟は二〇世紀のハンバーガー業界でどのように「成り上がった」のでしょうか。

二〇世紀に入るとアメリカの道路には自動車があふれ、渋滞を緩和するために多くの都市では街頭での販売を許可制にしました。これに伴い、多数の屋台が屋内での販売に形態を変更することになりました。屋台で販売されていたハンバーガーは、カフェテリア（セルフサービスタイプの飲食施設）やコーヒーショップ、簡易食堂、レストラン、ドライブインなどのお店で販売されていくこととなりました。

一九一六年にアメリカ初のハンバーガーショップ（スタンド）が開かれ、そこから多くのハンバーガーチェーンが誕生し、しのぎを削るようになります。一九二〇年代に名前が知られたハンバーガーチェーンには、ホワイト・キャッスルがありました。ハンバーガーとソフトドリンク、コーヒー、パイなどを取り扱ったこのチェーンは、従業員に制服を着用させて清潔さを示し、また、どの店でも同じ商品と品質を提供できるなど、調理法の簡略化と標準化を徹底させました。ファストフードビジネスの始まりです。ホワイト・キャッスルは新製品の企画化も図り、ミルクシェイクなどもメニューに登場させています。

第二次世界大戦が始まると、配給制による肉や砂糖の不足が生じ、ソーダ類も品薄になりました。それを解消するために、目玉焼きをバンズ（丸パン）にのせた、いわば月見バーガーのような商品の開発を行ないました。

一方、戦時中はフライドポテトが重要な商品となりました。ジャガイモは当時安価で在庫も大量にあったので、一度も配給制にならなかったのがその理由です。大戦前は皮むきと油の扱いの面倒さから敬遠されていたフライドポテトは、戦後配給制が終わるころには、作り手がその工程に慣れ、消費者はフライドポテトを味わうのが好きになり、売り上げも増加して、「ハンバーガーのお供に」と、サイドメニューの定番になりました。戦争による食糧の制限を受けたことが、新商品を市場に投入するきっかけとなったのです。

戦後、アメリカの郊外は大きく発展しました。豊かさと自動車を手に入れた、幼い子供のいる中流の家庭が、問題の多い都会を離れて郊外に家を買ったのです。郊外に人が増えると、新しい住人のニーズを満たす新たなビジネスモデルが生まれるのです。

食の分野で新モデルを築いたのが、兄モーリス・マクドナルド（一九〇二〜一九七一、愛称はマック）と弟リチャード・マクドナルド（一九〇九〜一九九八、愛称はディック）のマクドナルド兄弟です。ニューハンプシャー州出身の二人は一九三〇年にロサンゼルスに移り住み、小さな映画館を買いました。しかし、経営はうまくいかず、一九三七年にはオレンジジュースとホットドッグのスタンドを開業しますが商売は不振を極め、商品メニューをバーベキューとハンバーガーに替えても売り上げは伸びませんでした。

兄弟は、一九四〇年にロサンゼルスから東へ一六〇キロメートル離れたカリフォルニア州サンバーナーディーノに第一号店となる「マクドナルド兄弟のバーガー・バー・ドライブイン」を開設しました。

五年間の彼らの売り上げは好調で、特に売り上げの八〇パーセントを占めたハンバーガーに絞って展開していきます。ところが、第二次世界大戦が終結後、とある問題に直面します。戦勝によりアメリカ経済は好調となった一方、復員軍人擁護法により軍人の多くが大学に進学したことから、調理を行なったり現場を切り盛りする若手人材の雇用が難しくなりました。

また、カーポップと呼ばれる、女性従業員目当てに店にたむろする金のない不良の若者たちが現れたために、家族連れがマクドナルドを行くのを敬遠するなど客層が悪くなっていきました。

兄弟は早速問題解決に動き出します。ターゲットを家族連れに定め、まずカーポップを廃止します。また、お店にあったジュークボックスや自動販売機、電話機を人の滞留解消のため取り外します。食器も盗難や破損の恐れがあるため、すべて紙の使い捨ての食器に替え、食べ終わった後の片付けも客に行なわせるようにしました。続いて、労働力を効率化によって補います。作業の工程を細分化し、ハンバーガーを焼く人、包装する人、飲み物を入れる人、料金を受け取る人などに分けて、スピーディ・サービス・システムと称する単工程の流れ作業とし、注文から二〇秒で提供できるシステムへと変貌させました。お客は食べ物をお手ごろな価格で待たずに食べることでき、また、そのために自分で列に並び食べ物を受け取ったら車の中で食べる、そんなお店を作りたいというのが兄弟の考えでした。

これを具体化するために、大きなグリルとマルチミキサーを備えた店舗に改造されました。冒頭の引用に出てくるマルチミキサーは、ミルクシェイク用で一度に何杯もつくることができ、投入した紙コップの中で材料を混ぜて効率化を図りました。マクドナルドでは、八台ものマルチミキサーを導入しました。

また兄弟は主力商品のフライドポテトについての調理法の無駄を省いていきます。当時、フライドポテトはハンバーガーより利益率が高く、彼らはこの商品が成功の鍵を握っていると理解していたのです。毎日ジャガイモの皮をむいて細い棒状にカットして、特製フライヤーで調理してカリッと揚げました。

当時のメニューは、ハンバーガー（一・五オンス＝約四五グラムのパティ、ケチャップ、みじん切りのタマネギ、ピクルス二枚という内容）やチーズバーガー、フライドポテト、シェイク、炭酸飲料と売れ筋に絞ったものでした。この戦略が当たります。

一九五一年には二七万五〇〇〇ドルの販売額を叩《たた》き出し、利益は一〇万ドルに達します。全米で話題になり、雑誌に特集記事が出るほどでした。この機を逃さずマクドナルド兄弟は、フランチャイズ化に踏み切ります。

当時の商品価格と、実業家のレイ・クロック（一九〇二〜一九八四）が証言している商品価格（一九五四年）を比較したものが次ページの表です。若干の変更は見られるものの、メインのバーガーはハンバーガーとチーズの二種類のみとし、二種のハンバーガーの価格帯の変更をせず、売れ筋の大きいものに絞って最大限売り切る点は、新展開が始まってからおよ

名称	1945 年開始時価格	レイ・クロック訪問時の価格（1954 年）
ハンバーガー	15 セント	15 セント
チーズバーガー	19 セント	19 セント
フライドポテト	10 セント	15 セント
シェイク	20 セント	20 セント
炭酸飲料	不明、S サイズと L サイズあり	不明 ソフトドリンクは 10 セント
コーヒー	—	5 セント

マクドナルドのメニュー価格変遷

そ一〇年変わっていません。

マクドナルド兄弟のフランチャイズビジネスの内容は、既存のものにはない画期的なものでした。加盟店は従来のものと比較して少額のロイヤリティと売上高の数パーセントをマクドナルドに払い、店内座席のないモデル店舗と同じ形態かつ同じ商品を同じ手順で調理し、同価格で販売することを求められました。結局、実際にフランチャイズ権を購入し、営業を始めたのは一〇店舗と目論見よりも低い数字でした。一方、マクドナルド兄弟は、ノウハウの公開には寛容だったので、ファストフードビジネスを始めたい多くの人々にシステムを平気で見学させました。その結果、見学に来た起業家たちは、同様のハンバーガーチェーンやタコス店を開店させました。

実業家のレイ・クロックは当時、マルチミキサーの販売員（そのため、マクドナルド兄弟から「ミスター・マルチミキサー」と呼ばれました）で、兄弟のお店の評判を聞きつけて、一九五四年に兄弟を訪れると、すぐさまフランチャイズ権を買い取り、翌年にはシカゴ郊外にお店を出店します。一九六一年にはマクドナルド兄弟から最終的に営業権と「マクドナルド」の名称などそのすべてを二七〇万ドルという破格の値段で買収しました。そしてレイ・クロックがプロデュースする「マクドナルド」によって、今日のハンバーガー帝国が築き上げられ、二〇二一年には全世界一〇〇以上の国と地域で約四万店舗のレストランビジネスを行なう世界最大級のカンパニーの一つとなったのです。

ハンバーガーの起源

ハンバーガーは一九世紀末にアメリカで生まれました。屋台で売られるマイナーな食べ物としてひっそりと誕生したのです。ただし、どこで誕生したかは諸説あるようです。テキサス州で作られた、いやウィスコンシン州だ、はたまたニューヨーク州エリーク郡である、と喧《けん》喧《けん》囂《ごう》囂《ごう》の議論です。しかしどの説も十分な証拠がなく、決め手に欠けるようです。それもそのはず、牛のひき肉で作ったパティを焼いて二切れのバンズと呼ばれる丸パンで挟むという「発明」は非常にシンプルで、誰が最初に作ったのかを検証するのは非常に困難だからです。ともあれ、ハンバーグステーキもサンドイッチ（第16章　二二七ページ）も世に登場してから大分経ちますが、ようやく一九世紀末にそれらが組み合わされ、ハンバーガーとして登場したのです。

一九〇四年のセントルイス万国博覧会はハンバーガーが世に知られるようになった大きなきっかけでした。

ハンバーグは基本的にレストランで座ってナイフとフォークを使って味わいますが、ハンバーガーはフィンガーフードの一種として屋台などで購入し立って食べられるのが特徴です。これにより、万博のような催しもの会場だけでなく、都市でせわしなく働く人々が選ぶ軽食の候補になっていきました。

ハンバーガーの様々な名称と混血創作料理

ハンバーガーという名称に固まるまでには様々な呼び方がありました。ハンバーグステーキサンドイッチやビーフサンドイッチ、ミートローフサンドイッチなど、パンを挟むものとしてサンドイッチの名称が多く使われているのが特徴です。サンドイッチもイギリスから海を渡り、アメリカでフィンガーフードとして確立されていますので、ハンバーグステーキサンドイッチという名称は、これがイギリスとドイツの混淆料理であることを思うと非常に興味深いです。

しかし、それらが定着せずに、ハンバーガーが定着したのは、丸いバンズにのって出てくることが決め手になったとも考えられます。そもそもハンバーグはかなりの肉汁が出るナイフとフォークを使って座って味わう料理ですので、薄く切ったパンに挟むと肉汁がパンに沁み通ってしまいますし、厚切りパンだと食べづらく、トーストで挟む食べ方もありあわせのその場しのぎのものでした。そのためハンバーグステーキを挟んだサンドイッチのレシピはあるもののあまり普及しませんでした。ハンバーガー専門店で様々なハンバーガーをお手頃価格で購入して、車の中を含めた自分の都合のいい場所で味わう方が、自分で作るより合理的な行動でした。

ハンバーガービジネスの成功

マクドナルド兄弟は、ファストフードという食文化をアメリカに普及させ、クロックが経営する「マクドナルド」は二〇世紀の食の世界での覇権を取り、二一世紀の今に至っています。その料理の原型は現在と同じくメインメニューのハンバーグを挟んだサンドイッチと、サイドメニューの揚げたポテトに炭酸飲料というものでした。手早く、安く、そして美味《おい》しく味わえるシステムが当時の社会の要請に見事に合致し、このようなセットメニューが受け入れられたのでした。

おわりに

『食卓の世界史』いかがだったでしょうか。本書は、歴史料理研究家の遠藤雅司が世界各国のあらゆる歴史料理を再現し、「音楽と料理を通じた時代旅行と世界旅行」を提供するプロジェクト「音食紀行」の第七作目になります。

今回、ちくまプリマー新書から執筆依頼をいただき、常日頃から興味を抱いていた東西の食文化の融合発展というテーマから世界の食の歴史を俯瞰《ふかん》できるような構成を目指しました。

本書では、一九名（マクドナルド兄弟で二名）の食の逸話を取り上げて、食文化から世界の歴史をひもといていき、初めて読む人にもわかりやすく理解できるよう工夫しました。オリエント、ヨーロッパ、アメリカ大陸、中国、中央アジア、日本における食の流入と定着がテーマの一つです。パラパラとめくっていただき、各偉人たちの味わった料理を比較しながら歴史を文字通り味わっていただくのも一興でしょう。どこから読んでも、歴史の面白みが感じられるように作りましたので、ご自身が気の向くままに本書に触れていただければ幸いです。

執筆を開始した当時の作者の興味関心が、東西の食文化が融合と発展でした。絶対に取り上げたいと考えたのはアレクサンドロスやコロンブス以前以後の変化で、そこから担当編集と二人三脚で構成を考え、一八章分の章立てとその時代を象徴する人物を抽出していきました。

オリエントの豊かな食文化に光をあてたい！　ビザンツ帝国からオスマン帝国への転換による食文化の継承と断絶を描きたい！　旧大陸と新大陸の食材の混淆《こんこう》をそれぞれの側から浮かび上がらせたい！　などなど鼻息は荒く、想いは果てしないものでしたが、書き上げるまでにおよそ四年もの歳月が過ぎてしまいました。ひとえに自分の実力不足ゆえですが、「目には目を」（第1章ハンムラビ）から「ハッピーセット」（第18章マクドナルド）に至るまでの四千年の食の歴史を頭を抱えながらも、時には床に這《は》いつくばりながらも書き上げることができました。「第＊章参照」という語句を参照して各章を旅していただければ、食卓の世界史における食文化の地層を体感できるはずです。

今回はこのような人物を取り上げて食文化の歴史を追いかけましたが、これはほんの一例です。取り上げる時代、地域、人物が変われば新たな食の歴史も見えてくるでしょう。

本書は、多くの専門の方々に監修いただきました。クオリティが担保され、より良いものを目指せたのは、そのようなご尽力のおかげです。また、本書に関わった全ての皆さまのお力添えなくしては、陽の目をみることはありませんでした。過去から現代までの様々な先行研究についても、大変お世話になりました。多くの書物や論文に導かれて膨大な世界の食の歴史を完成することができました。本当に感謝申し上げます。

「歴史食体験イベント」を標榜する音食紀行は、新型コロナウイルス感染症（COVID-19）により、イベントの活動を控えている日々です。そんな中、これまで音食紀行のイベントに参加いただいている日本全国の方から、たくさんの温かい応援の声をいただきました。その声に応え、執筆に注力し、古代から現代までのおよそ四〇〇〇年の時代旅行をお気軽に、本書で体験いただければ幸いです。

読んで、想って、味わって。五感を通じた食体験を気軽に行なっていただけるなら、これ以上の幸せはございません。またいつの日かどこかでお会いいたしましょう。

二〇二三年一〇月　音食紀行　遠藤雅司

引用文献

中田一郎『ハンムラビ王』（世界史リブレット人001）山川出版社、二〇一四年
中田一郎訳『ハンムラビ「法典」』リトン、二〇〇〇年
ダリー、S（大津忠彦・下釜和也訳）『バビロニア都市民の生活』同成社、二〇一〇年
ポリュアイノス（戸部順一訳）『戦術書』国文社、一九九九年
アテナイオス（柳沼重剛訳）『食卓の賢人たち』（全5巻）京都大学学術出版会、一九九七―二〇〇四年
パトリック・ファース（目羅公和訳）『古代ローマの食卓』東洋書林、二〇〇七年
Apicius (tr. by Vehling, J.D.), *Cookery and Dining in Imperial Rome*, London, 1977.
Thayer, B., *Apicius: De Re Coquinaria*, https://penelope.uchicago.edu/Thayer/E/Roman/Texts/Apicius/home.html
Grocock, C. & Grainger, S., *Apicius*, Totnes, 2006.
プリニウス（中野定雄、中野里美、中野美代訳）『プリニウスの博物誌』（2：第12巻―第25巻）雄山閣、一九八六年
エウジェニア・S・P・リコッティ（武谷なおみ訳）『古代ローマの饗宴』講談社学術文庫、二〇

一一年
タキトゥス（国原吉之助訳）『タキトゥス　年代記』（上）岩波文庫、一九八一年
『新唐書』https://zh.wikisource.org/wiki/新唐書/巻076
王仁湘（鈴木博訳）『図説　中国食の文化誌』原書房、二〇〇七年
賈思勰（田中静一、小島麗逸、太田泰弘編訳）『新装版　齊民要術　現存する最古の料理書』雄山閣、二〇一七年
司馬光編『資治通鑑』https://zh.wikisource.org/wiki/%E8%B3%87%E6%B2%BB%E9%80%9A%E9%91%91/%E5%8D%B7218
西尾哲夫訳『ガラン版　千一夜物語』（全6巻）岩波書店、二〇一九―二〇二〇年
佐藤次高『イスラーム世界の興隆』（世界の歴史8）中公文庫、二〇〇八年
尾崎貴久子「中世イスラーム世界の鍋」『イスラーム地域研究ジャーナル』第4巻、早稲田大学イスラーム地域研究機構、二〇一二年、二五～三三頁
エドワード・ギボン（中野好夫、朱牟田夏雄、中野好之訳）『ローマ帝国衰亡史』（8）ちくま学芸文庫、一九九六年
E. H. Freshfield, *Roman Law in the Later Roman Empire*, Cambridge, 1938.
Anthimus, *De Observatione Ciborum*, Leipzig, 1877.
リウトプランド（大月康弘訳）『コンスタンティノープル使節記』知泉書館、二〇一九年

Anonymous（Thomas Owen 英訳）, *Geoponika: Agricultural Pursuits Vol. 02*, https://archive.org/details/Geoponica02
小澤重男訳『元朝秘史』（上）（下）岩波文庫、一九九七年
忽思慧（金世琳訳）『薬膳の原典　飲膳正要』八坂書房、一九九三年
マルコ・ポーロ（愛宕松男訳）『完訳　東方見聞録』（全2巻）平凡社、二〇〇〇年
マルコ・ポーロ（月村辰雄、久保田勝一訳）『東方見聞録』岩波書店、二〇一二年
マルコ・ポーロ、ルスティケッロ・ダ・ピーサ（高田英樹訳）『マルコ・ポーロ／ルスティケッロ・ダ・ピーサ――世界の記「東方見聞録」対校訳』名古屋大学出版会、二〇一三年
Frati, L., *Libro di cucina del secolo XIV*, Livorno, 1899.
Perry, C., *A Baghdad Cookery Book: The Book of Dishes*（*Kitāb al-ṭabīkh*）, Totnes, 2006.
Prakash, O., *Food and Drinks in Ancient India: From Earliest Times to C. 1200 A. D.*, Delhi, 1961.
林屋永吉訳『コロンブス航海誌』岩波文庫、一九七七年
林屋永吉訳『コロンブス全航海の報告』岩波書店、二〇一一年
クリストファー・コロンブス（青木康征訳）『完訳　コロンブス航海誌』平凡社、一九九三年
エルナンド・コロン（吉井善作訳）『コロンブス提督伝』朝日新聞社、一九九二年
ストラボン（飯尾都人訳）『ギリシア・ローマ世界地誌』（全2巻）龍溪書舎、一九九四年

Platina, *De honesta voluptate et valetudine*, Bologna, 1499.

Platina（Mary Ella Milham 英訳）, *Platina's on Right Pleasure and Good Health: A Critical Abridgement and Translation of De Honesta Voluptate Et Valetudine*, Pegasus Pr, 1999.

Ruperto de Nola, *Libre del Coch*, Barcelona, 1520.

Ruperto de Nola, *Libro de Guisados*, Logroño, 1529.

Rupert de Nola, *Libre de doctrina per a ben servir, de tallar y del art de coch*, http://www.cervantesvirtual.com/obra-visor/libre-de-doctrina-per-a-ben-servir-de-tallar-y-del-art-de-coch--1/html/（2023. 10. 3 確認）

Víctor Manuel Patiño, *La alimentación en Colombia y en los países vecinos*, Universidad del Valle, 2005.

エルナン・コルテス（伊藤昌輝訳）『コルテス報告書簡』法政大学出版局、二〇一五年

ベルナルディーノ・デ・サアグン（篠原愛人、染田秀藤訳）『神々とのたたかい〈1〉』（アンソロジー新世界の挑戦9）岩波書店、一九九二年

ベルナール・ディーアス・デル・カスティーリョ（小林一宏訳）『メキシコ征服記（一）』（大航海時代叢書〔エクストラ・シリーズ〕Ⅲ）岩波書店、一九八六年

モトリニーア（小林一宏訳）『ヌエバ・エスパーニャ布教史』（大航海時代叢書第Ⅱ期14）岩波書店、一九九三年

Süleyman I, *Sultan Süleyman Han. Lettre à François Ier, Roi de France.* https://gallica.bnf.fr/ark:/12148/btv1b52508208f
三橋冨治男『オスマン帝国の栄光とスレイマン大帝』（新・人と歴史拡大版25）清水書院、二〇一八年
鈴木董『食はイスタンブルにあり　君府名物考』講談社学術文庫、二〇二〇年
Ogier Ghislain de Busbecq, *The Life and Letters of Ogier Ghiselin de Busbecq Volume 1*, https://archive.org/details/lifelettbusbecq01forsuoft
Ogier Ghislain de Busbecq, *Augerii Gislenii Busbequii Omnia quæ extant.*, https://archive.org/details/bub_gb_Uvo51PGCq0gC/
Stefanos Yerasimos, *Sultan Sofraları: 15. ve 16. Yüzyılda Osmanlı Saray Mutfağı*, YKY, 2002.
Priscilla Mary Işın, *Bountiful Empire: A History of Ottoman Cuisine*, Reaktion Books, 2018.
ジャン・オリユー（田中梓訳）『カトリーヌ・ド・メディシス　ルネサンスと宗教戦争』（上）（下）河出書房新社、一九九〇年
フランソワ・ラブレー（渡辺一夫訳）『第四之書　パンタグリュエル物語　ガルガンチュアとパンタグリュエル物語』グーテンベルク21、二〇一二年
クヌート・ベーザー編（明石三世訳）『ノストラダムスの万能薬』八坂書房、一九九九年
Bartolomeo Scappi, *Opera di Bartolomeo Scappi mastro dell'arte del cucinare*, Venezia, 1570.

Bartolomeo Scappi, *The Opera of Bartolomeo Scappi* (*1570*)*: L'arte et prudenza d'un maestro cuoco*, University of Toronto Press, 2011.
イヴ＝マリー・ベルセ（阿河雄二郎、嶋中博章、滝澤聡子訳）『真実のルイ14世　神話から歴史へ』昭和堂、二〇〇八年
ラ・ヴァレンヌ（森本英夫訳）『『フランスの料理人』―17世紀の料理書』駿河台出版社、二〇〇九年
バーバラ・ウィートン（辻美樹訳）『味覚の歴史　フランスの食文化　中世から革命まで』大修館書店、一九九一年
Charlotte-Elisabeth Orléans, *Correspondance Complète de Madame Duchesse d'Orléans, Née Princesse Palatine, Mère Du Régent, Vol. 2*, Paris, 1857.
Subligny, Adrien-Thomas Perdou de *La Muse de Cour dédiée à Monseigneur le Dauphin*, Paris, 1666.
Jonathan Morris, *Coffee: A Global History*, Reaktion Books, 2019.
De Philippe Sylvestre Dufour, *Traitez nouveaux et curieux du café, du thé et du chocolat*, https://gallica.bnf.fr/ark:/12148/bpt6k855985n
Marie de Rabutin-Chantal Sévigné, Samuel Silvestre de Sacy, *Lettres de Marie de Rabutin-Chantal, Marquise de Sevigne a sa fille et ses amis. Tome 10*, Paris, 1862.

屋敷二郎『フリードリヒ大王　祖国と寛容』（世界史リブレット人０５５）山川出版社、二〇一六年

Peter Peter, *Kulturgeschichte der deutschen Küche*, Verlag C. H. Beck, 2008.

Becker, Rudolf Zacharias, *Noth- und Hülfsbüchlein für Bauersleute oder lehrreiche Freuden- und Trauer-Geschichte des Dorfs Mildheim*, Sulzbach in der Oberpfalz, 1789.

Giles MacDonogh, *Frederick the Great: A Life in Deed and Letters*, St. Martin's Griffin, 2001.

Theodor Gottlieb von Hippel, *Zimmermann der I., und Friedrich der II.*, De Gruyter, 1828.

高木八尺、斎藤光訳『リンカーン演説集』岩波文庫、一九五七年

Amelia Simmons, *American Cookery*, https://www.gutenberg.org/ebooks/12815

Sarah Josepha Buell Hale, *Northwood; a Tale of New England*, Boston, 1827.

Wilder, Laura Ingalls, *On the Banks of Plum Creek* (*Little House #4*), Harper & Row, Publishers, Inc., 1937

Commissions, Committees, and Boards, *56th Presidential Inauguration: Inaugural Media Guide*, 2009. https://www.govinfo.gov/app/details/GOVPUB-Y3-PURL-LPS116701

コナン・ドイル（延原謙訳）『わが思い出と冒険――コナン・ドイル自伝』新潮文庫、一九六五年

Adam Smith, *An Inquiry into the Nature and Causes of the Wealth of Nations*, Oxford University Press, 1975.

コナン・ドイル（延原謙訳）『シャーロック・ホームズの冒険』新潮文庫、一九五三年
コナン・ドイル（延原謙訳）『シャーロック・ホームズの思い出』新潮文庫、一九五三年
コナン・ドイル（延原謙訳）『シャーロック・ホームズの帰還』新潮文庫、一九五三年
コナン・ドイル（延原謙訳）『シャーロック・ホームズの事件簿』新潮文庫、一九五三年
コナン・ドイル（延原謙訳）『緋色の研究』新潮文庫、一九五三年
コナン・ドイル（延原謙訳）『四つの署名』新潮文庫、一九五三年
コナン・ドイル（延原謙訳）『バスカヴィル家の犬』新潮文庫、一九五四年
コナン・ドイル（延原謙訳）『恐怖の谷』新潮文庫、一九五三年
コナン・ドイル（延原謙訳）『シャーロック・ホームズ最後の挨拶』新潮文庫、一九五五年
コナン・ドイル（延原謙訳）『シャーロック・ホームズの叡智』新潮文庫、一九五五年
ビー・ウィルソン（月谷真紀訳）『サンドイッチの歴史』（「食」の図書館）原書房、二〇一五年
Bee Wilson, *Sandwich: A Global History*, Reaktion Books, 2010.
Isabella Beeton, *Mrs. Beeton's Book of Household Management*, London, 1909.
夏目漱石、平岡敏夫編『漱石日記』岩波文庫、一九九〇年
夏目漱石『夏目漱石全集』（全一〇巻）ちくま文庫、一九八八年
マダーム・ブラン述、洋食庖人編『実地応用　軽便西洋料理法指南　一名・西洋料理早学び』
https://dl.ndl.go.jp/pid/849016

荒正人『漱石研究年表』集英社、一九八四年
ジェリ・クィンジオ（元村まゆ訳）『プディングの歴史』（「食」の図書館）原書房、二〇一一年
Jeri Quinzio, *Pudding: A Global History*, Reaktion Books, 2012.
レイ・クロック、ロバート・アンダーソン（野地秩嘉監修・構成、野崎稚恵訳）『成功はゴミ箱の中に　レイ・クロック自伝　世界一、億万長者を生んだ男　マクドナルド創業者』プレジデント社、二〇〇七年
アンドルー・F・スミス（小巻靖子訳）『ハンバーガーの歴史　世界中でなぜここまで愛されたのか？』スペースシャワーネットワーク、二〇一一年
ジョシュ・オザースキー（市川恵里訳）『ハンバーガーの世紀』河出書房新社、二〇一〇年

監修者一覧

澁澤りべか（歴史体感ラボ【史近距離】主宰／高校世界史講師）
増井洋介（東洋大学大学院博士前期課程修了）
小堀馨子（帝京科学大学准教授／一般財団法人桂石文化振興財団代表理事）
仲田公輔（岡山大学准教授）
コンスタンティノープルからの使者（ＷＥＢサイト『ビザンティン帝国同好会』管理人）
鈴木董（東京大学名誉教授／ユヌス・エムレ トルコ文化センター東京 名誉顧問）
白沢達生（翻訳家／音楽ライター）
kaisou サイゴクカズコ（アクセサリー作家／Ｗｅｂデザイナー／フリードリヒ大王同好会主宰）

chikuma primer shinsho

ちくまプリマー新書441

食卓《しょくたく》の世《せ》界史《かいし》

二〇二三年一一月一〇日　初版第一刷発行

著者　遠藤雅司（音食紀行）（えんどう・まさし／おんしょくきこう）

装幀　クラフト・エヴィング商會

発行者　喜入冬子

発行所　株式会社筑摩書房
東京都台東区蔵前二－五－三　〒一一一－八七五五
電話番号　〇三－五六八七－二六〇一（代表）

印刷・製本　株式会社精興社

ISBN978-4-480-68465-3 C0222　Printed in Japan